凡所有相，皆是虛妄；
若見諸相非相，則見如來。

讀懂金剛經

明奘法師 著

請大家合掌

南無本師釋迦牟尼佛

南無本師釋迦牟尼佛

南無本師釋迦牟尼佛

無上甚深微妙法

百千萬劫難遭遇

我今見聞得受持

願解如來真實意

卷首語

這次有機會有因緣來到這個畫廊，跟大家一起來共同學習《金剛經》，也是不可思議的一個機遇吧！我不認識這裏的廊主，也不認識這個地方，今天是我第二次來，就在這裏講《金剛經》，看起來是有些莫名其妙的。佛法講「緣聚則成，緣散則滅」，爲什麼有這樣的一個條件？有這樣的一個機會？我覺得在今天這樣一個物質飛速發展的時代，在經濟、利益的推動下，人心可能都趨於一種兩極悖反的作用態度。人心在悟，得到了高度的滿足後，卻也容易產生心靈相對的匱乏和空虛，因而它需要有這樣一個回歸。我們能在這樣一個地方共同學習《金剛經》，願大家能夠敞開自己心靈的另一扇窗。這扇窗也許跟我們原有的認知不同。我們原有的認知是──「老師教給你什麼，你就信、就接受」，至於接受的多少，叫──「師父領進門，修行在個人」。

可是佛教的《金剛經》跟這個認知恰恰相反，佛教的《金剛經》裏，釋迦牟尼怎麼來定位呢？他既不是一個教主，也不是一個權威的老師，他更像是一個睿智的、幽默的、慈祥的、耐心的老人，坐在你身邊。你不打擾他的時候，他就閉目安坐；你有事情

來問他，他就知無不言，言無不盡，毫無保留地告訴你。告訴你之後，他也不需要你信仰他、崇拜他，也不需要你雕偶像給他，他只會跟你輕輕地說一聲再見。所以整個《金剛經》是釋迦牟尼四十九年教育的精華中的精華，經典中的經典。在佛陀四十九年所有的經典裏面，講般若部的經典用了二十二年，幾乎占了他弘法生命的一半，那麼《金剛經》又是這六百卷般若經中最精華的一卷。

《金剛經》在我國的文字史上、在全世界人類的印刷史上占了一個第一，世界上現存最早的、有明確年月記載的雕版印刷物，是在敦煌發現的《金剛經》。如果做出版的要祭祖的話，應該祭這本《金剛經》。剛才我們說南無本師釋迦牟尼佛，就是「本師」——從生命的根本來教導我們的，從生命的起源處來教化我們的，就是我們根本的老師，這個老師叫佛陀。

「佛」是印度話，全稱「佛陀耶」，英文叫Buddha。中國人好簡，去掉了佛陀耶的「耶」，叫佛陀，佛陀還嫌囉嗦，就叫做「佛」，漢語的意思叫做「覺悟」，自覺、覺他、覺行圓滿叫三覺。第一個是自覺，第二個是覺他，幫助他人覺悟，第三自覺、覺他，都全部圓滿，叫覺行圓滿。覺悟的、智慧的行動已經全部圓滿，才叫佛。

所以我們南無的意思是規定範本，是向他學習，不是向他祈禱、乞求，這個跟宗教的意味完全背道而馳，是尊敬他、讚美他，「見賢而思其言」，是「南無」的本意。而不是說南無佛給我健康吧！南無佛給我長壽吧！南無佛給我一個男朋友、給我一個女朋友、讓我發財致富吧！很多人念南無阿彌陀佛時好像總是想向阿彌陀佛要點什麼似的，「南無」是讓我們的生命像一個醒覺的覺者，是皈依的意思。

對《金剛般若波羅蜜經》，佛經有幾種命名，「金剛」是比喻，世間最堅固的東西是什麼？金剛鑽。金剛能切斷所有的東西而不被所有的東西所切斷，形容其堅硬無比，「金剛」是以比喻來命題。「般若波羅蜜多」是智慧到彼岸的意思，按照這個動賓（動詞補語）後置，彼岸到，到彼岸，就是用智慧到達彼岸之意。它在翻譯成漢語的時候，屬於五種不翻，哪五種不翻呢？祕密不翻、多含不翻、此方無不翻、順古不翻、尊古不翻。那麼這個般若含有很多的意思，是用智慧不能界定的，用聰明不能界定的，用黠慧、狡詰都不能界定的，就索性含多義不翻、尊古不翻。「波羅蜜多」就是彼岸到，就是這件事做到家了，用北京的俗話講「到家了」，圓滿之意。

「經」，梵音叫蘇怛囉Sutra，貫穿之意。就像我們手裏的念珠，十八顆念珠也好，一百零八顆念珠也好，總要有根線把它穿起來，經的本意就是穿念珠的那根線，把東西穿起來的意思。但是我們後人，中國的一些高僧大德們就把這個經給改造了，從貫攝意引伸爲攝受意，好比這個攝影機的「攝受」。整個一部經，無論是多長或者是多短，無論是講圓滿、精進、了義的經典，還是一般針對小乘根性所說的經，它有一個從始至終的過程叫「初中後皆善」。像舔蜂蜜一樣，舔一點也甜，舔半嘴也甜，舔滿嘴都是甜的。佛經這個貫攝的意思就是初終後皆善。然後它還有一個引伸的意思是當鏡子，

反觀。

佛陀不在了，離開我們已經兩千五百多年了，阿羅漢們也不在了，那麼我們憑什麼跟他學習，用什麼來檢驗我們的所行、所思、所做是對的還是錯的呢？以經爲檢驗。符合經文所說，即使我們做的打點折扣，也是可以經得起驗證的，不符合經文所說便肯定有問題，經本身沒有問題，那問題一定是出在我們身上。還有「經」通「徑」，路徑，曲徑通幽處的徑，一條路，這條路帶我們回家，回到哪裡的家呢？我們生命沒有被污染，沒有被流浪，沒有被各種各樣的煩惱所壓迫，那個本來的狀態就是你本來的家，但是回家你必須有方法有路，那麼所有的經就是路。佛經有十二種，十二種不是指十二本經，而是十二種題材。有散文的、有詩歌的、有講佛陀過去前世的故事的、有大量比喻的、有諷誦的，叫伽陀。所以跟其他宗教不同，其他宗教的經典是唯一，不可更改、不可發展、不可去創造。但是佛經，不但佛陀可以說，弟子們可以說，現在的大學教授也可以去講。因此注解《金剛經》的人有很多，比如王朱曾經在未登基前就集注過。而集大成者，則是民國期間，一個叫江味農的老居士，他彙集了差不多關於中國歷朝歷代的僧人、文化名人、皇帝、達官等等所注解的《金剛經》，彙集了不下八十種，然後做了一個《金剛經集注》。大家如果想眞正深入了解，可以參考這本《金剛經》，是最全面最權威彙集資料也最多的。

翻譯的金剛經也不限於鳩摩羅什法師翻譯的這個版本，《西遊記》裏的玄奘法師也翻譯過，叫「能斷金剛般若波羅蜜多經」。能斷，就是用金剛才能切斷煩惱，所以又加了能斷兩個字，但是因爲他的文詞比較拗口，所以流傳最廣的還是鳩摩羅什法師翻譯的《金剛般若波羅蜜經》。

鳩摩羅什是三藏法師，三藏是指精通於佛教裏的所有經典跟經藏。這裏講的三藏法師，專門是指原始佛教的經、律、論三藏。這樣的法師數量是很少的。那時出家的人，戒律非常少。男的這些戒律大概叫四分律，共二百五十條按字摳也能背下來，沒有多少。出家的女眾，有三百四十八條戒，差不多也都可以背下來，所以戒藏不多。但經藏部分比較多，依據南傳原始佛教的研究，分四大部，叫四阿含經，包括中阿含、增一阿含、雜阿含和長阿含。聰明利根的人花上三年就足夠背下來了。論藏，像《阿毗達摩論》，裏面總共含設了七個論，但七個論加起來並沒有多少，經論三藏合起來，估計文字加起來不會超過兩百萬字。所以精通這些經、律、論的叫做三藏法師。來到我國之後的漢傳佛教，說是否有人精通三藏，說是否有人能把它背下來，可以說前無古人後無來者，一個也沒有，爲什麼？中國漢傳佛教的經太多了，數不勝數，論更是無窮盡的，浩如煙海，沒有誰能眞正精通三藏。

那麼來到中國翻譯經典的被稱爲三藏法師的不超過二十個，中國人沒有經，都靠西域的法師、印度的法師、安西的法師傳過來，所以才有這句俗語：「遠來的和尚會念經。」法師的本意就是以法施人，就是能夠以法施捨、佈施給別人，能夠以他的智慧，

用他掌握的佛法的智慧教導別人的人。這個以法自施，向上能夠向佛陀、聖賢學習，完善自己，向下能夠幫助他人，服務社會，這樣的人才有資格被稱爲法師。

鳩摩羅什是西域人，在現在的庫車、庫爾勒這一帶。他的爸爸原來也是個出家人，叫鳩摩羅炎，特別聰明。後來，當時的龜茲國王（也就是現在的伊犁、庫爾勒一帶）一看這個鳩摩羅炎如此的聰明，就逼著他還俗，把兩個妹妹都嫁給他，希望他傳宗接代，然後生下了這個鳩摩羅什。鳩摩羅什七歲的時候有一天到廟裏去玩，竟把一個幾百斤重大寶鼎給舉起來了，舉起來後，突然一想，「咦？我七歲小孩哪裡來那麼大力氣？我又不是武功高手……」這樣一想鼎馬上就摔掉了，摔到地上，他一念間就悟到了「一切唯心造」的道理。後來他媽媽帶著七歲的他出家，碰到一個大修行人叫阿羅漢，跟她說這個小孩子將來要到東方去，他一定會幫助大乘佛法發揚光大的，如果留在西方，他的個人修爲，肯定會證得阿羅漢果位。

無論是印度佛教史，還是中國、韓國、日本、越南的佛教史，整個東南亞和歐美佛教史，都沒有因爲佛教傳播發生過什麼征戰、戰爭，唯一的一次征戰卻是因鳩摩羅什法師而起。苻堅派大軍去迎請鳩摩羅什法師，派呂光率七萬大軍大敗龜茲，得獲鳩摩羅什，但法師並沒有回到苻堅這裏，因爲淝水一戰苻堅被人打敗了，他的國就滅了。法師在呂光建立了後涼國停留了幾年，又被後秦姚興出兵西伐涼州，才把鳩摩羅什帶回長安。他翻譯經典的地方在陝西西安戶縣的草堂寺，那裏有鳩摩羅什法師的舍利塔。

鳩摩羅什法師翻譯的經文是不分章節的，是南北朝時期梁武帝的太子——昭明太子，根據自己的體會把《金剛經》分了三十二章節，分得非常非常好，這使大家容易有操持。但是我們誦經的時候不會去誦這個「法會因由分第一」，不會說這些，直接就「如是我聞，一時怎麼樣……」

請大家跟我合掌
願消三障諸煩惱
願得智慧真明瞭
普願罪障悉消除
世世常行菩薩道
普願一切見者聞者聽者
遠離痛苦之因、痛苦之緣、痛苦之業
普願一切見者聞者聽者
建立解脫之因、解脫之緣、解脫之業
普願一切見者聞者聽者

快樂安詳得以解脫
願一切眾生
快樂安詳得以解脫
願一切眾生
快樂安詳得以解脫
願一切眾生
快樂安詳得以解脫

目錄

Contents

第一品

法會因由分

請大家合掌
南無本師釋迦牟尼佛
南無本師釋迦牟尼佛
南無本師釋迦牟尼佛
無上甚深微妙法
百千萬劫難遭遇
我今見聞得受持
願解如來真實意

> 如是我聞，一時，佛在舍衛國樹給孤獨園，與大比丘眾千二百五十人俱。爾時，世尊食時，著衣持鉢，入舍衛大城乞食。於其城中，次第乞已，還至本處。飯食訖，收衣鉢，洗足已，敷座而坐。

佛經跟我們的文學作品最大的不同，就是所謂的六種成就，哪六種成就呢？相當於我們上初中寫記敘文一樣，時間、地點、起因、經過、人、結果，佛經也是這樣。佛陀在佛曆兩千五百多年前臨去世那天，弟子們哭的哭鬧的鬧，都覺得老師要走了，很是傷心。

阿難就哭得什麼都忘了，有點迷糊了，佛陀的另外一個大弟子阿那律尊者就說：「阿難啊，你跟做侍者佛二十年了，你知道老師有什麼話要說、要交代，這時候不是哭的時候，你應該去問問世尊還有什麼要交代我們的？世尊在的時候，我們有什麼問題都來向世尊請教，不在的時候我們有問題向誰請教呢？這個經典要不要結集，如何去結集呢？」

阿難這下子清醒了，趕緊去問世尊：「世尊呀，您在的時候，我們問您這些問題不需要經文，但是您不在的時候怎麼辦呢？」佛陀說：你們在復述經文的時候可以加四個字叫「如是我聞」。我們漢語的習慣應是「我聞如是」，意思是我聽到這樣一個道理，我聞如是。

「如是我聞」，就是這些話、這個道理、這個方法是我阿難從釋迦牟尼佛那裏聽來的，不是我自己創造的，不是我改編的，也不是我想像的。它叫信成就和聞成就。當時不但阿難相信，其他弟子也都相信了，即信成就。還有聞成就，是說老師與學生之間的教學是眞實不虛地在歷史上存在過，不是我們靠一人杜撰之力，靠一人天才想像出來的，是實實在在的教學的傳承、記載。

「如是」這兩個字，實際上把佛法的所有的教學已經全部告訴我們了，明白的人聽到「如是」兩個字就夠了，全部的佛法要告訴我們的道理，就這兩個字：「如是」。不加一點、不減一點、不創造一點、不想像、不歪曲、不塗抹，諸法本來是什麼樣的就接**受什麼樣，就是這樣**。

我們一切的痛苦，一切的煩惱，一切的爭鬥都源自於不接受，對不對？天氣熱了，我們偏偏不接受，所以就痛苦；人要離開了，我們不接受，所以痛苦；衰老是不請自來之有，我們偏偏拒絕，不接受；做生意賠錢，不接受，不接受……總是——不接受。

如是，山川大地、日月星辰、草木花鳥、人、畜生一切都是如其本來的樣子，這就

是佛法的全部，因此我們每一個人如果能夠隨時隨地做到如是，當下我們就成爲佛了。簡單不簡單？容易不容易？非常簡單又非常容易，可是又非常難。誰能相信這兩個字就是佛法呢？如果現在有人站在天安門廣場說：「告訴大家宇宙間最眞的眞理就是〈如是〉二字。」肯定所有人都會認爲這個人有精神病。

所以現在的人靠自己的想像、聰辨、邏輯把一個簡單的東西複雜化了，創造了大量的宗教的衍生品，創造、累積、浪費了大量的生命空間，走入了知識、邏輯、理性的迷宮，而回不到智慧的本原清靜處。本原清靜就這麼簡單，大家在聽課，如是；起煩惱，如是；等一下肚子餓得咕咕叫，還是如是。如果你什麼都能接受，當下心平，會不會？不平則爭嘛，你已經接受了，還有什麼可爭的呢？你已經平了，還有什麼跟別人可爭鬥的呢？無可爭。所以天下自然太平無事。我聞如是，如是我聞。因此我想，我在很多地方也講過《金剛經》，但眞正完整講完的很少很少，大概開個頭就把書本丟掉了，就用不著了，明白了當然就用不著了。這就是見月之指，我要指給你看月亮在那裏，你瞧，你已經知道月亮了，你還要把我的指頭捧到家裏供著，累不累？

所以《金剛經》裏說：「我所說法，如筏喻者，法尚應捨，何況非法。」我所說的法，就好像一個過河的筏子。「法尚應捨」，一旦過河了，就應該把筏子棄之水中，而不是背上岸邊，對不對？

如是我聞，「一時，佛在舍衛國樹給孤獨園」，一時，這是印度一個特有的時間觀念。印度是一個注重生命的終極價值的一個民族，不管是男女老幼，都認爲生命的一次性是非常簡單的一件事，重要的是恒久生命的責任，恒久生命的解脫、祥和，而不是一期生命的好與壞。他們認爲生命只不過是搬家，這一期三十年，下一期五十年，這一期爲人，下一期爲狗，所以很通達，人重要的不是讓人的這一期生命得到所有欲望的滿足，而是這一期的生命如何爲長久的生命添加更好的資糧，以便能行走在永恆的生命之路上。所以「一時」非常有味道，如果你能體會到「一時」這個味道，你也在印度，對不對？佛說法時，你也在前，突破時間的狹隘性，時間本來就是一個虛幻的、人爲規定的。所謂的長短全是相對。

「一時，佛在舍衛國」。佛指釋迦牟尼佛，當時印度有十六個大國，其中最重要的是舍衛國。舍衛國國王的太子叫陀太子，所以這裏叫「樹給孤獨園」。這個名字怎麼來的呢？我們如果到中國漢傳的寺廟去看，一般的伽藍殿會供一個老頭，再供一個年輕的帥哥，帥哥就是陀太子。那麼這個給孤獨呢？是一個老頭，是一個大富長者，他的好朋友須達多長者，在另一個城市聽佛陀講經的時候，就對給孤獨長者說：這裏有一個老師，這才是我們眞正應該向他學習和請教的老師，他叫釋迦牟尼。於是給孤獨長者就來了。須達多長者跟釋迦牟尼約說第二天才去見面，但他來了就是按捺不住，心裏只有一個想法，我一定就要今天晚上見到佛陀。佛陀以他的力量感知到了，就說：好吧，你要來就來吧。他就連夜到了竹林經舍。到了這裏，看到竹林經舍的樣子，非常喜歡，就

說：世尊我能不能請你到我們國家去，建一個同樣的地方給你用，讓你的僧團在這裏修行。佛陀說：好呀！然後就派了智慧第一的舍利弗跟著這個給孤獨長者，並給孤獨長者發了願，凡是他的生意所在的地方，不能有任何一個乞丐，凡是有乞丐的地方他都要管他三餐，這是他發的願，然後他就選地方，建了一個竹林經舍，非常非常美。

去年四月我帶團到印度去，第二次去。見到了那個竹林經舍。裏面有一個大水池，佛陀在那裏住了將近二十二年，在靈山下，在王舍城附近。這片地曾是陀太子的，給孤獨長者說：我要買你這個地，祇聽陀太子說：你買地幹嘛呀？他說：我要給釋迦牟尼建一個經舍，讓他修道用。太子說：你別胡說八道了，我那地貴我不賣，除非你用金子給我鋪滿了，給孤獨長者說：好啊！他眞的回家把他庫裏面所有的金子都用馬車拉來，把這個園鋪滿了。陀太子說：我只不過一句玩笑話，你怎麼能這樣呢？我不賣了。那個時候的王權和達官貴人，還沒有現在這種地位森嚴的階級制度，給孤獨長者說：你作爲一國儲君怎能言而無信？陀太子只得說：那好吧，既然這樣子，樹我就不賣了，樹我貢獻給釋迦牟尼好不好？「樹給孤獨園」，樹是屬於陀太子的，園子是屬於給孤獨長者的。

「與大比丘眾千二百五十人俱。」佛陀剛一出家，就跟婆羅門教的兩個領袖、領軍人物學習四禪八定，一個學習了三個月，一個學習了大概十幾天，就達到他們所教的四禪和四空的最高境界。但是他知道那還不是終極眞理，所以他捨棄了六年苦行，回到菩提伽耶，坐在菩提樹下，坐了四十九天，證悟了緣起性空的實相。可他坐在樹下思維四十九天以後，發現他沒有辦法向別人開口，他所了解的，他所看見的（他所看見的不是我們通常所說的看，而是實實在在看到緣起的法則、性空的法則、無常的法則、無我的法則），去跟別人說，並沒有人能接受，太難了，太深了，他就想算了，我坐在這兒一涅槃就走了。

這時候，大梵天王（依據印度教和一神教來講，他是這個世界的創造者、守護者、保護者）說：不行，釋迦牟尼，所有的佛成爲覺者，他都有責任、有使命來幫助這個世間，那樣這個世間才有智慧之光能夠傳遞下去，你不能自己享受了就走了，你應該把這個智慧從最淺的、根源的水準開始往下傳……釋迦牟尼一聽是這個道理，是該往下傳，他就又開始觀察因緣。當年他是偷偷出家的，他的爸爸淨飯王派了五個親族，跟隨他一起來修行，後來因爲他放棄了苦行，這五個人就跑到鹿野苑這個地方，相約不再跟這個太子一起修行，認爲他既然放棄了苦行，接受了牛奶拌飯這樣的供養，就不是一個眞修行的人。後來佛陀證道了，他觀察因緣，發現還是這五個人最聽話，就又找他們去了。

佛陀從菩提伽耶步行約二百公里，見到了他們。現在那個地方修建了五比丘迎佛塔。五個比丘就相約：等那個人來了，我們都不要理他，也不要管他，我們就當作不認識他。他們管佛陀叫那個人。他們照顧他六年，佛陀苦行時都是他們在照顧他，後來佛陀發現苦行不是終道，並不能讓身體得到滋養，也不能讓心靈得到智慧的滋養，所以就放棄了無謂的、無益的苦行，接受了一個叫蘇佳達的牧羊女的牛奶拌稀飯，然後他才恢復了體力，才有力氣來打坐。

佛陀走到他們那裏，大概花了一個多月時間，這五個人本來想不見、不聞、不理的，但是莫名其妙的，又被佛陀身上散發出的那種智慧的力量給感動了，便拿草墊給佛陀敷座，然後給他打水洗腳。因爲印度都是打赤腳，不穿鞋的，所以走到哪裡都要洗腳。他們問世尊：您怎麼變了呢？我們本來相約不理您這個人的，可現在您身上散發的力量怎麼不同了？佛陀說：我已經從生命的迷惑中醒過來，你們不應該再叫我那個人了，你們應該把我叫做覺者。佛陀就是覺者，所以不能再叫那個人。從這之後就有了五比丘，開始有了僧團。這是人間歷史上眞正有了僧團的開始。

比丘梵文的音叫Bhiksu，意思是「乞士」，首先就是乞，乞丐的乞，士兵的士。不是乞丐，是有點像孔乙己那樣站著喝酒卻穿著長衫乞討的人，是有文化、有修養的人。第一個意思叫乞士，第二個意思則叫「怖魔」，爲什麼？很多人對於生命錯誤的知見，弄得自己的生活很痛苦，生存壓力很大，這樣的痛苦就叫做「魔」。魔的意思不是指長得青面獠牙，很恐怖、很可惡那樣的，而是指被錯誤的生活知見引向痛苦的生活方式，被折磨得走不出來，所以叫魔。第三個意思叫「破惡」，破除所有的惡。也就是一個比丘，按照戒法來生活，有二百五十條戒，比丘尼有三百四十八條戒，讓他遠離一切諸惡，所以佛法遠離諸惡。

唐朝時候有一個功夫很深的鳥巢禪師，他不住在地上，而是住在樹上。有一次白居易去請教，如何是佛法大意？唐朝的時候，佛法興盛，八大宗派，老婆子都能談禪，似乎隨便一個人都能悟道。鳥巢禪師就說：「諸惡莫做，眾善奉行，自淨其意，是諸佛教。」一些惡都不要做，自己讓自己的心念乾乾淨淨，就是一切佛的教導。白居易說：你這算什麼，三歲的小孩子都知道。鳥巢禪師在樹上說：居易呀！三歲娃子都明白，但是八十歲的老人不一定做得到，是吧？白居易這才老老實實在樹下磕頭，表明他服了。

那麼這也就關係到佛法跟世間善法，它的區別點和共同點在哪裡？一切看得見，摸得著，能被任何人尊崇學習的善、佛法、世間法、儒家、宗教基本上是共同的，只不過具體善惡的標準略有差異，但是差異也不是太多，這是共通的。

很多人說我行善，對得起良心，這就是佛了。這對不對呢？只對五分之一，還有五分之四是不對的，因爲佛法有不共的。比如說你光有善，「諸惡莫做，眾善奉行」，遠離惡、奉行善，這僅僅是一個層面，這個是世間善法。還有什麼？是最根本的自淨其意，讓自己的內心遠離、超越善惡。

因爲佛法的目的不是以善爲目的，從所有的善惡兩邊對立中超越出來，成爲大自在的生命，這才是佛法的唯一目的。僅僅有世間看得見摸得著的善還不夠，因此我們在座的諸位也好，你們的親朋好友也好，說我做個善人就夠了，這還不夠，不要淺嘗輒止，生命的深度、生命的廣度、生命的力度永無窮盡。我們眼見、耳聞、所及之外的地方有更加廣闊的天地。我們這個經驗、認知不到的地方，更虛無廣大。

你說我捐點善款，就讓我心安理得了，這是淺層的心安，經不起打擊，如果接受善款的人拿著你的捐款去吸毒嫖妓了，那你馬上比誰都痛苦，因爲你覺得你的善被人欺騙了。但是佛法不會這樣，佛法叫三輪體空，這就是自淨其意。什麼叫三輪體空呢？我給了人，他拿去做任何壞事，都是他的事，「我給他」這件事眞實不虛，對不對？如果能做到這一點，你已經是超越了，這就是佛法的智慧。我們一般人爲善，是帶著指責性、強加性的，叫做——「滴水之恩，當以湧泉相報」。

然後我們往下看「千二百五十人俱」，這是常隨眾，也就是佛陀一走，經常就這一千二百五十個聽眾。大家想想看，那個時候沒有喇叭，沒有擴音器，沒有這些現代文明，他的聲音怎麼傳播出去呢？武功一定很深。佛陀當年做太子的時候臂力很大，一般的人像提婆達多的幾個堂弟能一箭射三個盾牌，佛陀能一箭射七個。有一次他們把一頭死大象故意堵在城門口，佛陀雙手一舉，順牆那邊給丟了出去，砸了一個坑，叫象井，現在還在。所以他武功很高，像他這樣講法，一般人做不到。

佛陀有十個名號，其中有一個名號叫「無上士」，他已經在印度受過最高等、最全面的教育，各方面文韜武略全都行，但是他覺得這些沒有意思，不如出家做和尚好，他就偷偷摸摸跑去做和尚了，並且成了佛，從生命的迷惑中醒過來，被人尊稱爲覺者佛陀，這都是不經意的。因此釋迦牟尼佛個人對創立宗教毫不關心，對於建立教法毫不關心，無所爲而無不爲。

那爲什麼佛法會來到中國？實際上從海路航海到希臘去、到南洋去、到蘇門答臘去、到爪哇比來中國大陸要容易得多，可是佛法到那些地方卻不札根，爲什麼？因爲缺少那種土壤。而大陸卻有這個基礎。因爲有道家的無爲而無不爲。儒釋道三家爭爭吵吵，爭吵之中又互相學習，所以不可分的。也許有人會質問，千二百五十人俱，怎麼可能呢？當年沒有交通工具，哪能一下子解決一千二百五十人居住的地方？這是因爲印度沒有冬季，只有旱季、雨季，天氣熱，哪裡都能睡人。

我這兩年頻繁地到印度去，經過一個火車站，看見瓦拉納西大街小巷、三輪車上、石頭邊、沙灘上到處都睡著人，哪裡都可以睡。所以看到那樣才知道佛陀規定，說一棵樹下不能睡三個晚上，墳邊上不能睡三個晚上，這是非常有道理的。來到中國則必須要選一個地方定居，當時這種方式在印度教裏叫遊方。

「爾時，世尊食時」，吃飯的時間叫食時，「著衣持鉢」，我們僧人的衣服叫三衣，不像現在的這種大襟衣，這是中國漢朝開創的漢民族的服裝，這純粹是漢族老百姓的服裝，不是僧服。僧服的三件衣服實際上很簡單，裏面一條布，一裹，小衣，然後中間一個中衣，到了後半夜冷了，一個大衣，其實就是一大塊布，比咱們正常的被單再長一點寬一點，冷了就這麼打開，熱了這麼一捲，這邊都露著，特別涼快。這種僧服也是釋迦牟尼發明的，所以說釋迦牟尼的智慧了不起，他還是時裝設計師。

一次性的牙刷，也是僧團開始用的。佛陀規定，年老的比丘把黃楊木、楊柳木的枝弄這麼一長條，插在水裏，每天要用的時候剪那麼一塊，年輕人用口嚼，年老的嚼不動，拿小石頭砸碎了用。楊柳木又除火，又除臭，這種一次性牙刷特別好，旁邊一丟，羊就給吃了，兔子也吃了，一點都不污染環境。然後分餐，托缽乞食嘛，都用自己的。印度人吃飯不像咱們用筷子，西方人用刀叉，印度人吃飯是用手抓，缽裏面連湯帶飯，就用三個手指頭，吃的時候捏成團。分餐制，特別衛生，這都是佛陀的貢獻。

外道的修行人，跟佛陀同時代的，有六師外道，是六個重要的修行派別，有九十六個體系不同的修行派別，再加上原來的婆羅門教，整個印度是一個修行的國度。以前的外道吃飯時拿個破蕉葉，蕉葉飯就是這麼來的。吃完後把蕉葉一丟，有時候化不到飯，就直接摘樹上的香蕉吃，特別簡單容易滿足，所以他更多的精力用來思維生命的終極意義和終極價值問題，這是他的好處。那麼佛陀不一樣，他一看這些人太窩囊了，要不就赤身裸體的，要不就大夏天搞堆火鑽來鑽去的，太有悖人的常倫，所以提倡吃飯用缽，這樣湯和飯怎麼也不會灑，如果拿芭蕉葉盛飯，不但湯流走了，飯也流走了，而缽滴水不漏，捏著就行了。

「入舍衛大城乞食」，乞食是有一個條件的，不能說我認識他，他家頓頓大魚大肉有好吃的，就每天到他家去，而不去每天都是窩窩頭、鹹菜疙瘩的那家，必須要按照次序平等接受。無論給好給壞都要歡喜地接受，叫乞食。

佛法講平等，而不是作威作福、奴役人民。

「入舍衛大城乞食。於其城中，次第乞已，還至本處。」眞正的出家人吃飯，飯前給鬼神，讓他們分享，飯後無論你乞得多，乞得少，必須最後留一些給身邊的畜生吃，不能吃光光的。但來到我們漢地卻給它改了。漢地的和尚講究「三心不了，滴水難消，五觀若存，千金易化」，「施主一粒米，大如須彌山。今生不了道，披毛帶角還」，「鋤禾日當午，汗滴禾下土，誰知盤中餐，粒粒皆辛苦。」等全都是教人如何吝嗇，這種教法已經違背了佛法的教導——分享、分享，而全是吝嗇、吝嗇。

漢傳佛教四次的法難：北魏武帝，北周武帝，唐武宗這三武滅佛，以及五代周世宗法難根本上的原因都是經濟原因，僧團獲得了上面國王政府大量的土地、撥款，奴隸多、勞工多、雇農多，老百姓流離失所，引起了民怨，最後導致了這個法難。

眞正的佛法托鉢乞食，跟吃葷吃素沒關係，托鉢不可以拒絕，人家給什麼都要歡喜接受，不能挑三揀四，這才是戒律。現在漢傳佛教吃素成爲戒律，爲什麼現在的人從吃素開始呢？要知道這種變化演變的好處與壞處。它的好處是普通人更能了解不殺生的和放生的功德，尊重生命的尊嚴與權力，他的壞處是使各種修行者越來越沒有時間打坐，即使坐了，他也不得坐的樂，難得法樂。知道正本清源，眞正是幹嘛，分享才是佛法。

「飯食訖，收衣鉢，洗足已，敷座而坐。」剛剛前面說過了，佛陀都是打著赤腳。敷座而坐，坐下來了，無所事事了。如是如是，我聞如是，如是我聞。佛陀現身說法，既沒有放光，也沒有天上掉花，既沒有什麼大梵天王，也沒有什麼天神、星羅棋佈的傘蓋莊嚴到這裏來，又鋪地又鋪床又鋪座，都沒有。很簡單，像一個普普通通的修行人，托著缽，到處乞食，然後回來吃飯，吃完飯，自己洗了衣服，洗了缽，洗了腳，坐下來打坐。

讓我們來看看這樣的佛法能不能被老百姓接受，跟我們的生命是有關還是無關？如果說這個經典上來就是佛陀長了十八丈高，一千隻眼，兩萬隻手，往這一來，這個人做惡，抓過來，哢嚓交給地獄；那個人做善，火箭發射天堂。然而這樣的佛法跟我們的生活有關還是沒關？更多的只是想像，對不對？虛無縹緲，不可證眞，起碼覺得太不可思議了，是吧？但是這樣的一個佛陀，這樣一個老師，這樣一個覺者，他吃飯跟我們一樣，他走路跟我們一樣，甚至我相信他走累了，咳聲歎氣時也會跟我們差不多。這樣的老師他的教法跟我們息息相關，所以佛法是關乎人心的佛法，不是關於佛教信仰的佛法。

佛法是剷除每個個體心靈煩惱的佛法，你的心靈有了不安，有了躁動，有了煩惱，你想找到一個方法來把心念淨化，昇華它，佛法就有這個方法。並且這個方法是無條件的，無選擇的，只要你願意，他就有方法。你願意才是根本。我不可能拿著高音喇叭，搞個祕密通道擱你床頭，把佛法灌傳給你。還要隨緣，你歡喜來了就來了，你不接受就不接受，沒有什麼。

所以他跟有些宗教的狂熱有極大的不同，那些宗教的狂熱是：我就是唯一的，你們必須都到我這來。佛法不這樣，佛法是簡簡單單、從從容容，恬恬淡淡，他是本然如是，接受了你就接受了，不接受，那就等待機會，不著急。如果這樣的佛法能夠被大家普遍的了解和認知，想想看我們的世間是濁惡的還是清靜的？一定是清靜的。那也就是天堂與極樂根本不在別處，就在我們每個人的生命之中。若每個人都是這樣簡簡單單、恬恬淡淡、喜喜樂樂的，天堂就已經被我們創造出來了。

請大家跟我合掌
願消三障諸煩惱
願得智慧真明瞭
普願罪障悉消除
世世常行菩薩道
普願一切見者聞者聽者
遠離痛苦之因、痛苦之緣、痛苦之業
普願一切見者聞者聽者
建立解脫之因、解脫之緣、解脫之業
普願一切見者聞者聽者

快樂安詳得以解脫
願一切眾生
快樂安詳得以解脫
願一切眾生
快樂安詳得以解脫
願一切眾生
快樂安詳得以解脫

第二品

善現啟請分

請大家合掌
南無本師釋迦牟尼佛
南無本師釋迦牟尼佛
南無本師釋迦牟尼佛
無上甚深微妙法
百千萬劫難遭遇
我今見聞得受持
願解如來真實意

時，長老須菩提在大眾中即從座起，偏袒右肩，右膝著地，合掌恭敬而白佛言：「稀有！世尊！如來善護念諸菩薩，善咐囑諸菩薩。世尊！善男子、善女人，發阿耨多羅三藐三菩提心，云何應住，云何降伏其心？」佛言：「善哉，善哉。須菩提！如汝所說，如來善護念諸菩薩，善咐囑諸菩薩。汝今諦聽！當為汝說：善男子、善女人，發阿耨多羅三藐三菩提心，應如是住，如是降伏其心。」「唯然，世尊！願樂欲聞。」

「時」，跟剛才的一時是一樣的道理。佛陀閉目打坐，但是弟子們不讓他老人家安心，「長老須菩提在大眾中」也就是有很多人，他們找出一個個問題，這一問問出一個《金剛經》來。長老是指修行多年，德行、修養、智慧都堪爲人師者，所以叫長老。須菩提翻譯成漢語叫「解空」。他一出生的時候，家裏莫名其妙的什麼東西都沒了，家裏面嚇壞了，這怎麼辦呀？金銀財寶沒了也就罷了，牛馬騾驢也沒了，家人趕緊找當時婆羅門教的那個仙人，這個仙人是指修行的人，不是指神仙，當時那些婆羅門陀教徒們都

會咒術，會打卦。仙人說：「哎呀，這個孩子了不起呀，他將來能解空，證得空性！」算完後，那些丟失的東西又莫名其妙地出來了，所以叫他須菩提。在釋迦牟尼十大高僧裏他是以解空第一。

「即從座起，偏袒右肩」，這是印度的禮節，剛才我們說了袈裟這邊是偏的，現在東南亞的和尚們、比丘們，還有藏傳的一些喇嘛們，還都穿這個。我們中國漢族的、韓國的、日本的和尚都穿漢傳的服飾。

「右膝著地」，這個叫胡跪，也就是胡人的跪法，在現在的新疆那一帶，西域三十六國：吉爾吉斯斯坦、阿富汗、巴基斯坦、印度北部、尼泊爾等一帶都叫做胡跪。

「合掌恭敬而白佛言」，古語以下對上，以卑對尊叫「白」。這個佛說，難得稀有，如果我們要真正明白佛法在說什麼，他並沒有說菩薩呀你應該怎麼樣，或怎麼樣才是菩薩，他沒有，佛陀吃飯就吃飯，托缽就托缽，打坐就打坐，本來如是，如是本來，就是這樣的。但是解空第一的須菩提，知道這樣就是佛陀真正對菩薩們的咐囑、護念，真正對修行人的照顧和幫助，就是以平常心之道。所以我跟很多佛教徒都說過，既不要念這個咒，說念這個咒能免八十劫生死重罪，念某尊佛可能得多少的健康長壽，我都沒有教他們這些，那都是交換，佛法不是交換的法。

「善護念諸菩薩，善咐囑諸菩薩」，平常心才是保護每一個個體修行者不出任何狀況的唯一的法寶。平常心是道，在我們漢傳佛教，尤其是漢傳佛教的禪宗裏面，大家公認只有這個才最接近佛陀的心願。既不顯意，也不顯現神奇，我們看不見摸不著的，也不迷惑大眾，而是用平常心，吃喝拉撒睡，所謂舉手投足、揚眉順目、拉屎撒尿全都是禪。青青翠竹映黃花，滿目青山細細流水全是禪，都是平常我們看得見摸得著的，並不是說在地球之外的另一個星球才有禪，也並不是說死後多少年留一根指甲一根頭髮才是禪，禪是眼前的，被自己證知、被他人熟知的，這個才叫平常心是道。

「世尊！善男子、善女人，發阿耨多羅三藐三菩提心，云何應住，云何降伏其心？」菩薩，也就是修行明白已經上路的人、過來的人，就這樣住，這樣降伏其心，佛陀已經現身說法，善護念、善咐囑。那普通的善男子，善女人，「發阿耨多羅三藐三菩提心」，翻譯成漢語叫無上正等正覺之心。普通的善男子、善女人要發無上正等正覺之心之後該怎麼住呢？該如何降伏他的心呢？須菩提是給誰問的呢？是給菩薩、羅漢問的，還是給我們這些普通眾生問的？當然是給我們問的。佛爺說善哉善哉，好呀，好呀，須菩提如你所說，確確實實就像你說的那樣子，如來善護念諸菩薩，善咐囑諸菩薩，「汝今諦聽」，好好聽呀，諦聽就是要正心做觀。什麼叫做正心做觀呢？諦聽沒有雜念，摒除所有的念頭，完全是佛陀說到哪個境界，他心念上已經觀想到了、達到了那個境界。想要求得無上正等正覺的，應如是住，就這樣住，就這樣降伏其心。

唐朝禪宗興盛，有很多關於這樣的故事，我記得有一個故事是這樣子的：

有一個人要離開他的老師了，跟了老師三年了，他認為他的老師沒有教給他佛法，就想離開。他說：「我跟你辛辛苦苦三年，你什麼都沒有教我。」這個老師說：「我沒教你嗎？」他說：「三年來我沒事就早上起來掃地，吃了飯，就給你洗碗，洗了碗，就讓我去種地，種完地中午回來就吃飯，吃了飯下午又去種地，晚上就打坐，然後你啥也沒有教我啊！」老師說：「是啊，難道除了吃飯、種地、打坐之外還有佛法嗎？」這一句反問：「是啊，難道除此之外還有佛法嗎？」這個弟子有根性的，他說：「既然如此，那爲什麼世間各個人都餓了吃飯，該勞作就勞作，卻爲何不成佛呢？」老師就回答：「因爲他千般計較，百般思量。」吃的時候挑剔，這個肥、那個瘦的，睡的時候呢？嫌這個床太軟，那個床太硬。徒弟說：「啊，師父，我明白了。」包袱往下一卸，不走了。

所以平常人也會饑來吃飯，睏來眠，卻因爲他的思慮之心夾雜在裏面了，因此無法成佛。但是作爲一個修行人，作爲一個禪者，很歡喜的，如其本來。窮，接受窮的睡法、吃法，富，接受富的吃法、睡法，在路上就接受路上的，在家裏就說家裏的話，他不那麼挑剔、講究，很隨緣，很安分，就這麼簡單。所以就是「應如是住，如是降伏其心」。佛法的微妙就在這裏。**「唯然，世尊！願樂欲聞。」**這個樂，是喜歡，我很願意的意思。

請大家跟我合掌
願消三障諸煩惱
願得智慧真明瞭
普願罪障悉消除
世世常行菩薩道
普願一切見者聞者聽者
遠離痛苦之因、痛苦之緣、痛苦之業
普願一切見者聞者聽者
建立解脫之因、解脫之緣、解脫之業
普願一切見者聞者聽者
快樂安詳得以解脫
願一切眾生
快樂安詳得以解脫
願一切眾生
快樂安詳得以解脫
願一切眾生
快樂安詳得以解脫

第三品

大乘正宗分

請大家合掌
南無本師釋迦牟尼佛
南無本師釋迦牟尼佛
南無本師釋迦牟尼佛
無上甚深微妙法
百千萬劫難遭遇
我今見聞得受持
願解如來真實意

「佛告須菩提：諸菩薩摩訶薩應如是降伏其心！所有一切眾生之類：若卵生、若胎生、若濕生、若化生；若有色、若無色；若有想、若無想、若非有想非無想，我皆令入無餘涅槃而滅度之。如是滅度無量無數無邊眾生，實無眾生得滅度者。何以故？須菩提！若菩薩有我相、人相、眾生相、壽者相，即非菩薩。」

前面的現身說法完了，上來就開明宗義。須菩提問的是善男子、善女人，發無上正等正覺之心，應如何住？如何降伏其心？而佛會先回答哪個問題？是住還是降伏？佛的回答很微妙，「佛告須菩提：諸菩薩摩訶薩應如是降伏其心！」那邊說善男子善女人發無上正等正覺應如何降伏其心，這裏卻說諸菩薩摩訶薩應如是降伏其心，怎樣降伏呢？降伏自己的心，從哪裡降伏呢？所有一切眾生之類，所有含蓋無疑的，生命的形態，看看哪幾類？「若卵生」，如雞和蛋，先有雞還是先有蛋？不管是先有雞還是先有蛋，總之雞這一類的叫卵生；「若胎生」，咱們人、牛、馬、豬、羊是胎生。父親的精子，母親的卵子，是卵生，也是胎生；「若濕生」，則是完全靠濕氣而生，如切塊西瓜放那

兒，你會發現再怎麼無菌的狀態下，照樣會生出一些飛蟲。「若化生」，毛毛蟲變蝴蝶，蛾子、飛蛾從蛹變成了蛾子，這是就化生。還有螞蟥，你把螞蟥切成數段，過不了三天，切多少段，出多少隻螞蟥，很奇怪吧？這也是化生。

「若有色」，是不是有色就看得見摸得著？「若無色」，就看不見，摸不著，但是你見到過鬼了嗎？見過，經常見鬼，小氣鬼，淘氣鬼、酒鬼、色鬼、賭鬼。對某一個東西他的心過分的貪著在那個狀態，他就叫鬼，它是以貪欲爲性，所以是看不見的無色。「若有想」，那我們人有沒有想，打一下手，手知道痛，當然有想。「若無想」，無想的生命大家有沒有見過？植物有想還是無想？這裏專指的是生命而言，不是指無生命的，專指有生命的，像人、像畜生這樣的生命而言。「若非有想非無想」，這是指禪定的，四禪八定的第八層叫「非有想非無想」，就是粗的想他是沒有了，但是細的想他還有一點點，還有一點點，就叫「非有想非無想」。

「我皆令入無餘涅槃而滅度之」，所有的這些眾生，我都讓他們怎麼樣？進入「無餘涅槃而滅度之」，不是把他的肉體消滅，是讓他煩惱止息。煩惱消滅，然後度脫了煩惱此岸到達了解脫的彼岸，叫做滅度。

一般人錯誤地領會了「死」就叫做滅度，大錯特錯了，滅是煩惱的熄滅，而不是消滅。熄滅和消滅一字之差，千里之遙。消滅是我要以水去澆火，叫消滅；熄滅是什麼呢？火在燃燒不再加薪、不再加柴，沸水也就自然地平下來了，水還是水，鍋還是鍋，什麼都沒破壞，所以消滅和熄滅一字之差，境界截然不同。

那一切的生命都能夠煩惱止息到達解脫的彼岸，然後呢？所有的眾生，「實無眾生得滅度者」。「何以故」？爲什麼這樣呢？須菩提，如果菩薩有我相、人相、眾生相、壽者相，即非菩薩。我相是什麼？一米七、男的、光頭、和尚、叫明奘，這是我相。名片一拿出來，某某公司董事長，某某公司宣傳策劃總監，這還是我相，那麼有我就怎麼樣？就有人，父親和母親二人對立就有了他，生了個小孩子。「我相人相眾生相」，說得非常的妙，把生命的源頭、緣起都告訴我們了，我相是一切的根本。既然有了父親、母親、孩子，眾生相，就希望家庭和和睦睦、快樂到永遠。壽者相，總是希望長樂如此。但是佛陀告訴你們，「若菩薩有我相、人相、眾生相、壽者相即非菩薩」。所以有我、人、眾生、壽者四相都不是菩薩。

那現在想想看，我們要想破除眾生相、壽者相、人相，應該從哪裡破除？首先應該破我相。佛法講諸行無常，諸法無我，這個「我」不是指沒有，而是指不能獨立存在，不能夠獨立做自己的主宰，不能夠自己讓自己成爲自己，一定會受到外在的各種各樣條件的制約，所以不能獨立存在、不能獨立主宰。他不是什麼都沒有，但不能恒常存在，不能獨立存在，不能離開條件而存在，所以「無我」的本意是這樣的。這跟道家所講的「空」完全是兩個意思，道家所講的「無」是沒有、徹底的沒有。比如說山河大地、日月星辰在哪裡運行？在宇宙裏。宇宙在什麼包括之下？更大的虛空宇宙無非還是在虛空裏面，虛空在哪裡呢？虛空在我們心內，外之山河大地，內之眼耳鼻舌身意，無非是我們妙明眞心中之物。《楞嚴經》前五百個字就告訴我們這個道理。就這麼簡單，全是我們妙明眞心之物。所以一旦我們明白了無我的法則，既然不是什麼都沒有，它就一定會遵從一個自然法則，這個自然法則就是佛法的戒律。

五戒是我們做佛弟子的行爲之本；十善是我們與他人相處之本；六度是我們幫助、服務社會的做事之本。五戒：不故斷任何生命；不偷盜任何人的財產；不去姦淫別人的妻子；拒絕所有的酒精和麻醉品；不說欺騙人的話。這是做人之本。我們活著就必須要跟他人發生交往，不但不去殺生，相反要放生、尊重生命；不偷盜，反而要佈施，把自己的財物還要給別人分享；不去姦淫別人，還要讓別人婚姻幸福、感情穩定；拒絕說假話、拒絕說挑撥離間的話、拒絕說顛倒黑白的話、拒絕說低三下四、低級下流的話、拒絕說粗惡的罵人的話；拒絕酒精和麻醉品，這就是十善。然後再去行六度：佈施、持戒、忍辱、精進、禪定、般若六度，這就是佛法。在體驗到諸法無我的狀態下，給一個佛弟子的行爲提出一個規範，這樣他才是生活中的佛法，才有資格讓佛法行走於世間，「猶如蓮花不著水，亦如日月不住空」。

但是現在我們佛教徒提出了一個根本性的問題，我們把佛法變成什麼了呢？變成跟生活毫無瓜葛的東西了，我們的生活和佛教信仰是完全兩個東西，週一到週五我上班，到週六週日我放假，我心安、我也理得，然後我也慈眉善目，人家打我一下我說「阿彌陀佛」，把我兜裏的手機掏走了，我也說「阿彌陀佛」，認爲那是我業障、欠他的，然後一回來該爭爭、該吵吵，這就不是息爭之法，完全是鬥爭之法。又如星期六在山上放生，星期一回來之後，就來個紅燒魚，完全大錯特錯。

佛法是息息相關的佛法，所謂息息相關，就是你一呼與一吸之間都有佛法，跟你是不是佛教徒、是不是接受了佛陀的戒律要求都毫無相干。還要看你願不願意對自己的生命負責任，如果願意，你就是佛弟子，不管你承認不承認；你不願意，那沒辦法。所以只要你願意對自己的生命負責任，每個人都是佛的弟子，因爲佛沒形象，佛只不過是一個老師，他發現了宇宙間至美至眞至善的法則，這個法則在人人面前是平等的，跟你信不信，跟你是否了解無關。如是本來的這樣存在，你信他也存在，你不信他也存在，你信了，那麼你做善，得樂受，做惡得苦受。

做善得樂受，做惡得苦受，跟你信不信沒關係。佛法是自然法則，本來就存在的，你不信它也沒有減少一分，你信它也沒有加多一分，就這樣。

❖明奘開示

問：您剛才把「滅度」解釋得很清楚，您能不能再解釋一下「涅槃」，這兩個是不是很相近的意思？

答：好。滅度是從做功用上說，也就是說從行爲上說，涅槃是從結果上說。從結果上你把一件事已經做到位了，這就是涅槃。

那麼所謂的滅度是什麼呢？它是說讓我們的煩惱停下來，煩惱停下來了自然到達彼岸了。打個比方說，這個杯子就是我們修行的根本，一般人錯誤的理解成我們的滅度就是讓它回歸成泥土，不是的。佛法講滅度，就比如這個杯子本來沒有善惡、沒有好壞、沒有乾淨污染之別，但是現在被我用久了，裝了DDT，裝了劇毒的氯化物、氟化物，而現在我卻只有這一個杯子，它是唯一的容器，那麼滅度就是用有效的方法，把這些污染物清除掉，恢復它本來的乾淨。佛法上叫不增加任何東西，不減少任何東西，只不過把它的污染物摘除了，因爲污染物本身沒有任何污染，只是組合不當才造成污染的，一切都是本來清淨的，因此說不垢不淨，沒有髒與淨的差別，不來不去、不增不減，只不過剝離而已。那現在我們修行，只是把我們凡夫的二元認知從我們習慣的認知中剝離出去，回復它如其本來的樣子就是了。

《金剛經》開宗明義說，你別把佛講得是一個三頭六臂哪吒一般的有神通的人物，不是的，但盡凡情別無聖解，只要把你凡夫的那個認知去掉了，就是本來如是。

滅度是功用，還在修行的方法和階段，涅槃是他得到的結果。而這一切都發生在我們本來當下這個身心、生命之中，不在別處，不在生前、不在死後、不在睡著中，就在我們活著的每一個分分秒秒之中，可以滅度，可以涅槃，它跟生死是無關的。

問：我想請問一下「菩薩」是什麼意思？假如說佛不是只指佛陀的話，那菩薩和佛有什麼區別？

答：菩薩的全名叫「菩提薩」，翻譯成漢語叫「覺有情」，「菩提」是「覺」的意思，「薩」是「有情」。就是指生命。覺悟的有情就叫「菩薩」，但他的覺悟又沒有達到佛陀那樣的自覺、覺他、覺行圓滿，所以他叫菩薩。菩薩有五十二個位次，從十信位、十住位、十行位，十金剛位，到十地，等覺妙覺等，最後成爲佛。佛就相當於已經畢了業的博士後，並且他可以當大學校長，菩薩有重點大學的、有名牌大學的、有世界一流的、也有縣級市的大學的，儘管也是四年本科，但是他的教學水準，可能就是十信位、十住位的。

問：我有兩個問題，首先請師父開釋一下「緣起性空」。第二個問題是末法時代，我們怎麼區分正法和邪法？比如說和其他宗教或者是其他外道，對於他們的學說有的時候會很相應，但是依據佛教大乘經典或者是其他師父的教誨又覺得不應該跟外道學習。

答：好，先說第二個問題吧，第二個問題更物理一點，第一個問題更空，更靈性一點。如何在這個時代，即末法時代，區分正法與邪法。四依法，第一個叫「依義不依語」，言說得再天花亂墜，也還是有問題的不可信，所以要依賴它意思裏面的道理。第二個叫「依智不依識」，識是分別的意思，就是我們的意識，第六識、第七識。依智，智是智慧的意思，智慧是無分別的智，意識是有分別的智，又衍生出「依經不依論」，依佛經而不依祖師的論。經是佛所說，論是佛的弟子後代的祖師們所作；「依法不依人」，這個人看似高僧，但實際上不一定眞是，所以叫「依法不依人」。他所說的法符合緣起，符合諸行無常，諸法無我，可以信，哪怕是一個抽著煙哼小調吊兒郎當的，你也可以信他。

「依了義不依不了義」，佛陀說法四十九年分了五個時期，就像人生的不同階段，其中有了義的時期，有接引幼稚園的時期，有接引初中生的時期，有接引高中畢業生的時期，也有接引大學畢業的時期。你當然要依那個大學畢業的，而不要依那個幼稚園的。那麼這是四依法。再從正見上看，八正道中：正見、正思維、正語、正業、正命，正精進、正念、正定。而正見是最根本的。正見眞如，正見緣起，正見無常，正見無我，共四個法則。正見眞如是怎麼來解決的呢？離開你這顆心不存在任何佛果，離開你這顆心不存在任何修行，離開你這顆心不存在任何得失，這顆心是唯一的修行之本，它不在死後完成，不在死後才浮現它清淨光明的一面，這是叫「正見眞如」。這一點是佛法跟其他宗教的最大的差異。

第二個法則「正見緣起」，一切法則都是因緣而生，所有條件聚合出來了，它就叫做緣聚則成，如果條件不具備了，緣散則滅。就比如我們現在，再過一個小時，我相信這個緣散了，今天晚上講座就結束了，但是現在它還在眼前，叫緣聚則成。這就是正見緣起，一切法都是這樣。你說你的心念是你自己做主的嗎？你想想，最根本的你的心念，都是被條件制約的。現在坐了一會兒有沒有覺得餓的？再問一下，各位覺得熱不熱？熱。熱是本來沒有還是因爲你坐久了而有？還是因爲人多呼吸不暢、空氣不通導致的？各種各樣的原因聚合而有，對不對？如果是你一個人，往地上一躺，又沒有我這個和尚在說話，那你肯定是冰涼的，是吧？所以要正見緣起。正見無常，世間萬事萬物，都是無常變化的，你找一個不變的東西出來，能不能找到？找不到。四依法、四正見，拿這八個東西一揀擇，什麼問題就都看清楚了。所以佛經的了義經很像是照妖鏡，一看就看出來了。

至於第一個問題，如何是「緣起性空」，因爲緣起本性不能做主宰，你能說本性就是空嗎？因爲它本性空，所以必然就被條件所制約了，相輔相成，拳手不離，一事的兩面，拳和手兩面。所以緣起必然性空，性空不是什麼都沒有，只不過不能獨立存在，不能恒常做主，這就是空的本意。它是實實在在有一個相，但這個相是遵從無常無我法則的，所以叫做空。這個緣起即是性空，性空即緣起，但緣起性空的體現，是透過無常無我表現出來。這個道理不容易理解，但是一旦你眞的理解了，你會高興得不得了，因爲你體會到了法的力量。

問：您剛才說善男子、善女人應如何住，如何降服其心，第一，什麼是住？什麼是

降服？第二，我為什麼要去住，為什麼要去降服？第三，您剛才說佛陀他先回答降伏，那為什麼會有這樣的強調呢？

答：應如何住，怎麼樣才能降伏其心？不降伏可不可以呢？也可以，別忘了他前面有一個條件，說「善男子善女人，發無上正等正覺之心，應云何住」，也就是說想要達到無上正等正覺的那些善男子、善女人才行，假如我們現在走到大街上，對一個普通人說：哎，告訴你啊，佛法說了諸行無常，諸法無我，諸漏是苦，人生活著沒意思。人家肯定說你有病。那麼佛法講你要認識到生命存在的種種的殘缺與不圓滿，想要解決它，這就叫做發無上正等正覺之心，就是認知到生命存在的切切實實的殘缺以及圓滿的人，叫善男子與善女人。既然認知到了，想要改變它，該怎麼樣去改變？

別著急，欲聽後事如何，且聽第十章解。《金剛經》在所有重要的佛經裏面，是唯一一個沒有生僻字的經。除了那個「耨」字，阿是無，耨是上，翻譯成漢語是「無上」，無上正等正覺，「三」就是正的意思，其他全是大白話，但是它的道理卻是最難懂的。漢傳佛教所有的經典裏面最難懂的就是《金剛經》，全是大白話，可是道理你今天看不明白，明天看不明白，可能只有看了一千遍之後，突然了悟：哇，原來佛法這麼好！所以希望你這七天天天來堅持，只聽了今天，大概會讓你今天晚上都不好睡覺，到底在說什麼？無所住、生其心，卵生、胎生、濕生、化生，有色無色、有想無想，那些是真的還是在講天書呢？都會是問題，所以今天是拋磚引玉，希望大家能努力學習《金剛經》，它並不是只屬於和尚的專利，而是屬於每個個體生命的應有之物，那就是我們的目的，佛法就是針對人心而安立的，不是針對出家和尚而設置的，這個定位是很難得的。

問：我前幾天參加了一個中國佛教協會組織的「首屆二〇〇八中國佛教的講經研討會」，其中有一個佛學院的學生，提了這麼一個問題，說「應無所住，而生其心」，那麼已經無所住了哪還有其心呢？所以我想請奘師簡單開示，謝謝。

答：「無所住而生其心」啊，無所住，看過《六祖壇經》嗎？無者無何物，念者念何事。無者無妄念，念者念眞如。他這個提法，本身就把無所住完全給斷滅空，在哲學上叫斷滅空，無所住認爲什麼都沒有就錯了，無所住是說不住任何一個不該住的地方，既不住色、不住聲，也不住香、不住味，叫不住色聲香味觸法而行佈施，菩薩應該無所住，而生其心，前面他給斷章取義了，前面是有無住，是色、聲、香、味、觸、法，眼、耳、鼻、舌、身、意、六根、六塵、六識十八界都不住，叫無所住而生其心。而十八界是什麼？完全是心識的幻影，所以他這個是斷章取義，這個問題本身不成爲問題，如果佛陀在場會說此非正論，此非正論，因爲他這個問題沒有搞清楚，他已經進入了斷滅空了。

問：請問法師，什麼是「信仰」？

答：信仰就是把自己交給一個認爲願意交給的對象，我的生命、我的任何東西都交給它就好了，活著的事我自己擺平，信仰的事、死後的事上帝擺平，這就是信仰。把自己交給一個願意交託的人，就是信仰，當然這個人有時是人格化的神，有時是神格化的人。所以對於到底上帝是人造的、還是上帝造的人這一問題，我更傾向於人造的神這一說法。

電影《東方不敗》中東方不敗明明已經死掉了，那些倭寇以及宮廷裏面的大內高手們幾撥人，還在假借東方不敗的旗號滿足自己的爲所欲爲，如苗人在那兒把東方不敗弄成個神在那裏擺酒、殺雞宰羊地供著，這就是在造神。所以馬克思說，宗教在某些時候就是安撫窮苦大眾的精神鴉片，這是良性的一面、好的一面；不好的一面，萬一被別人利用，就成爲欺騙勞苦大眾的精神鴉片。所以它是兩個層面，既有安撫，在困難痛苦時期安撫，作爲一個溫暖的精神鴉片的，也有被別人利用的，純粹是具欺騙性的精神鴉片的作用，這是宗教、信仰的特性。因此我們要淡化的是迷信，強化的是智慧。佛就是覺的意思，眞正的佛法跟迷信截然不同，是唱對臺戲的。

問：怎樣才能「精進」？爲什麼越學越迷茫？

答：肯定是沒找到樂子，找到樂子越打坐越痛，越痛越想坐，那就不迷茫了，因爲他有目的啊！一個三輪車夫，早上批了五十斤大白菜，到晚上還剩十三斤沒賣完，到底是送人還是等著第二天泡泡水再賣掉，他非常的精進，想了各種各樣的辦法，目的明確。所以修行，不要把目標定得太遙遠，說我必須像釋迦牟尼那樣打坐四十九天就成佛，我不悟道就不起坐，必須怎樣怎樣，必須開悟，這都是胡說八道，做不到的。所以修行在給自己定一個目標的時候，應該要知時知量知節。

知時，這兩天我正是身心疲憊、煩躁不安的時候，強行要求，比如說給你一個咒子，今天沒有讀就下地獄，也是完全沒必要的。你本來就出差坐了十八小時的飛機了，還要兩個小時嗡嗡地背，這樣子肯定不行。修行要知時知量。知量，我今天實在實在累了，那麼不妨我就睡了，等精力充沛了，你也不要想我再補回來，沒必要。知節，不可過飽，不可過不飽，過猶不及。知時、知量、知節，定立目標時要清晰，比方說一年內，我起碼能夠把三本佛經讀通，五年內我起碼能夠把《楞嚴經》讀懂，十年內我能雙腿一盤兩個小時不動，這就是可以看見的。說我十年內我就往生到阿彌陀佛極樂世界裏了，你再有本事可能也去不成，因爲這是偏離了生活。所以一定是在世間看得見、摸得著的這個修行中能夠兌現的才叫活在當下，修行在當下。

問：時常懈怠怎樣才能逆轉？

答：這是因爲你覺得你的目標跳三個高還搆不到那個蘋果，然後就說：算了我也不做了。相反這個蘋果就在你面前，可能事實上只要再跳一個高，就搆著了。所以修行是很有技巧的。佛陀也嘗試過所有的笨方法，全都經歷過，六年苦行，日食一粟，餓得皮包骨頭，連自己沐浴洗澡的力量都沒有。一洗沒力氣，水一沖倒下了，苦行就放棄了。而在那極端奢華的日子裏，自己在王宮裏時也安置著這樣那樣的宮殿，有一天，歌舞昇平後睡著了，他醒來一看每一個人都睡態難看，打鼾的打鼾，原本的香味也沒有了，一些臭味倒出來了，頓覺人生沒有意義，於是出家做和尚了。

所以釋迦牟尼他什麼都經歷過，娶過三個太太，有過一個孩子，最高等的教育他受過了，最奢華的享受經歷過了，知道過度的縱欲，過度的控制苦行都不是正道，所以才創立了佛法，叫做「中道之法」。任何人都能夠走在這條中道之法上，不偏離，走到兩邊的都要出問題。所以最後的總結是：平常心是道。漢傳佛教以平常心這個教法最直扣佛的心法，沒有偏離。因此經過了三武一宗的法難，經過了廢四新學運動……禪宗仍然保有力量，沒廟有廟了，沒經書有經書了，沒和尚冒出個光頭和尚來，這很莫名其妙的，因爲他們對法的掌握和理解程度很高，並且還普及到全世界去，這是很難得的。它靠的是什麼？它不是靠的一個組織，靠的是這個法的力量，而這個法的力量，自然法則本來如是，只不過有這麼一個緣起，就顯現了。

請大家跟我合掌
願消三障諸煩惱
願得智慧真明瞭
普願罪障悉消除
世世常行菩薩道
普願一切見者聞者聽者
遠離痛苦之因、痛苦之緣、痛苦之業
普願一切見者聞者聽者
建立解脫之因、解脫之緣、解脫之業
普願一切見者聞者聽者
快樂安詳得以解脫
願一切眾生
快樂安詳得以解脫
願一切眾生
快樂安詳得以解脫
願一切眾生
快樂安詳得以解脫

第四品

妙行無住分

請大家合掌
南無本師釋迦牟尼佛
南無本師釋迦牟尼佛
南無本師釋迦牟尼佛
無上甚深微妙法
百千萬劫難遭遇
我今見聞得受持
願解如來真實意

> 復次，須菩提！菩薩於法，應無所住，行於佈施，所謂不住色佈施，不住聲香味觸法佈施。須菩提！菩薩應如是佈施，不住於相。何以故？若菩薩不住相佈施，其福德不可思量。須菩提！於意云何？東方虛空可思量不？不也，世尊！須菩提！南西北方四維上下虛空可思量不？不也，世尊！須菩提！菩薩無住相佈施，福德亦復如是不可思量。須菩提！菩薩但應如所教住。

這個分段分得非常好，大乘正宗分之後，馬上就進入主題，妙行無住。「無住」是一個狀態，「妙行」是另一個狀態，把兩者融合就是佛法。光有妙行有住，就成爲煩惱，是不是？沒有妙行只有無住，成爲空無，看不見摸不著，沒有兌現處，沒有落腳點。

「菩薩於法，應無所住，行於佈施」。菩薩，昨天講過，「菩提薩」覺有情的意思，「菩薩於法」，這個法不是指法律的法，是指宇宙萬物存在的相狀，宇宙萬物存在的相狀全都叫做法，包括了一切。

「應無所住」，也就是什麼樣的東西都應該無所住。但是我們很多人，像昨天有個學生來問，既然是無所住就應該生其心，如果已經無所住了，還生其心幹嘛呢？你看佛陀說「菩薩於法」，有沒有法？宇宙萬物包羅萬象、春暖冬涼，是不是具體的存在呢？很實在的存在。「菩薩於法」應無所住，也就是說自然法則存在的一切我們都應該接受，接受但要無所住，行於佈施。「行於佈施」什麼意思呢？一般理解佈施就是我們拿東西給人，對吧？但是佛法裏講佈施是什麼樣的呢？看看真正的佈施是怎麼樣來定義的。

「所謂不住色佈施，不住聲香味觸法佈施。」色，是指佔有空間，佔有體積、佔有形象，能相似存留很長一段時間，對過去、對現在、對未來的人能夠達到一個共同認知，這個叫做色法，簡單說看得見摸得著的物質世界叫色法。

傳說出家人四大皆空，即酒色財氣四大皆空，這完全是誤導。佛法講的四大皆空是指構成我們宇宙萬物，包括我們生命以外的，無生命的、有生命的萬物共同組成的堅硬的成分、熱量的成分、流動的成分、推動的成分。堅硬的叫做地大，流動的叫做水大，熱量的叫做火大，推動的叫做風大。

實際上在釋迦牟尼那個時代，古希臘伊比鳩魯學派，中國王充的五行學說派，對於構成我們宇宙萬物的本體基本元素的認知，大同小異，印度叫做地、水、火、風，實質是構成生命、構成非生命的四個基本元素；中國五行八卦、金木水火土，也是一樣的。

那現在醫學怎麼說？光、熱、能，對吧？光就是有熱的，再冷的光，你照了一個燈你都會覺得熱。光、熱、能。

「不住色佈施」，我們要佈施，不能注意那個假相佈施。接下來說「不住聲香味觸法佈施」，聲是指什麼呢？耳根對應的叫做聲，鼻子對應的是什麼？香和臭，對不對？味呢？對應的是舌根，舌頭感知這個辣還是不辣，是味。觸呢？身體。現在我們還不覺得熱，過一會兒肯定覺得涼颼颼的，或者是熱乎乎的，那個叫觸。然後還有什麼？叫做法，這個法，這裏面的法是跟剛才「菩薩於法」的法截然不同，這個法專門指心念的記憶物和想像物。記憶所有過去發生過的那種記憶叫做法，對於將來所有能夠想像到的東西叫做法，這個法跟前面的是不一樣的。我們經常一讀，一帶而過，籠統而過，實際上它是不一樣的。爲什麼要佈施呢？爲什麼沒說菩薩於法，應該解脫我也要，菩提我也要，極樂我也要，天堂我也要，歡喜我也要，自在我也要，祥和我也要，就是煩惱我不要，有沒有這樣說？沒有，是不是？上來先說菩薩於法，應怎麼樣？無所住。先是無所住，然後行於佈施。

想想看，我們現在的痛苦與煩惱是源於心的多、還是源於物的多？比如人家買了兩套房子，你還是一個三居室的，你因此產生的煩惱是源於心的多，還是源於物的多？人家孩子已經送到美國讀書了，你的孩子還在鄉下讀小學，因此產生的煩惱是源於物的還是源於心的？現在是源於物的更多一點，不是說我們現在如此，佛陀時代也如此。

我們的迷失是由心開始先迷的，迷了後，該如何解脫呢？是先解脫心，還是先從物上解脫呢？這就是佛法的智慧，是先解脫心，還是先解脫附著在心上的物？先去從物上解脫心，所以先施。迷是心先迷的，怎麼迷呢？本來這顆心不需要肉體，叫非有想非無想，就是純心無身的，可是來到人間之後，開始化現出一個身，既然有了這個身了，我們就要滿足它的種種要求，比如冬天會怕冷，夏天會怕熱，我們爲了滿足它，於是身成爲了物的奴隸、牢籠，對不對？物成了我身的一個大監獄。

「菩薩於法，應無所住，行於佈施，所謂不住色佈施。」要先從物上捨，很多人沒有體會到這一點，佛教的佈施，分三個佈施，叫財施、法施與無畏施。

無畏施是最根本的，讓我們能夠從生死的苦海中解脫出來，這是最根本的佈施。但是誰能夠明白這個道理呢？別說被度者不接受，就是度人者他也沒有那個能力。我去度人，我還要面臨生老病死呢，我怎麼能去給別人無畏呢？他自己得先受苦去，然後才能度人，對不對？你說法佈施，給別人歡喜的法，讓他有智慧不再愚癡，能正見緣起，眞如正見無常無我，而不是顛倒的，常樂我淨，非常非樂，非我非淨。一般人也不容易接受和理解，要捨棄你的心愛之物，正常人心理是很難接受的。因爲心是身的奴隸，也是物的奴隸。可是，若眞的捨了，一點一點捨棄，慢慢就會感受到，其實沒有那些物，也會很歡喜，很自在。

過去有一個笑話，一對老夫婦賣豆腐爲生，每天家裏都歡聲笑語，鄰居家隔一牆是地主、地主婆，他們卻整天垂頭喪氣。這個地主婆就說你看人家賣豆腐爲生，都每天快快樂樂的，可咱們卻垂頭喪氣的，怨天尤人，怨這怨那的，這怎麼回事呢？老地主說別擔心，明天我就讓他家沒有笑聲，她說你有什麼辦法呢？他回答說你看吧！到半夜，地主把一塊金子隔牆丟了過去，而那個磨豆腐的一撿到金子，哇，也不磨豆腐了，也聽不到歡聲笑語了，拿著這塊金子想：咋辦呢？告官吧，捨不得；用吧，還不敢。用也不行，不用也不行，連著三天沒賣豆腐。然後這邊地主和地主婆開心了，你看那邊沒快樂了吧？所以說人爲財死，爲物所累，要想超越這些——獲得眞正的歡喜，就必須讓自己從中解脫出來。

色、聲、香、味、觸，剛才已解釋過它們的意思，然後意念對法，這個叫「法塵」，所以六根對六塵，眼耳鼻舌身意對應色聲香味觸法，大家想想看，我們的煩惱怎麼來的？說那個人好髒，是心裏上意念上先認爲他髒，還是眼睛看到那個人髒才覺得他髒？你如果能夠做到看人家從廁所出來沒洗手，你也不覺得髒，那就是不住色而佈施了。佈施的意思是你根本就無所住，看沒看到他從廁所出來沒洗手，看到了，但是沒有第二念「他髒」，你就解脫了，特別簡單。

味道香還是臭，你當下對香和臭第一念絕對是知道香和臭，但是第二念你要逃離臭、親近香，就是煩惱，第一念無善惡、無分別。所以很多人問過，既然是沒分別了，怎麼還有愛憎呢？第一念沒有分別，第二念就有了，有分別就有善惡，大家想想看，我們認爲的快樂、清靜、解脫，可實際上就我們現在所處的環境而言，我們在這裏是講佛法，那隔壁呢？三十年前這個地方是幹嘛的呢？也許就是一個亂葬崗，也許就是一個垃圾場，這些如果都不去考慮，只看到快樂、清淨、解脫，所以一切皆空，當下眼耳鼻舌身意，看到的，感應到的，感知到的色法、聲法、香法、味法、觸法、法法，即法塵，進就出，進就出。你說能有煩惱嗎？比如一個乞丐在垃圾裏，發現一個麵包，也不管它有沒有什麼細菌、發沒發黴，就吃了，咱們覺得一定會中毒，不講衛生，也許老鼠剛爬過，可乞丐的心裏沒有把它當成垃圾，也沒有把它當成污染物，他只當它是最好的飲食了，就那麼簡單。一切法唯心所造，所以不住色聲香味觸法佈施。

「菩薩應如是佈施，不住於相。」這就是一切的相都不能住，「何以故」呢？「若菩薩不住相佈施，其福德不可思量。」又有意思了，你說到底這裏是講智慧還是講福德，是講事功，還是講法理呢？各位想想看。明明說的是什麼？不住相佈施，其福德不可思量，你說這個福和慧之間能分得開嗎？分不開。爲什麼？

「東方虛空可思量不？」思是想，量是一個物理方法，圓規也好，測量儀也好，去測量時只想用光速、超光速。可現在有超光速的機器嗎？有每秒超過三十萬公里以上的超光速儀器嗎？有沒有？有人回答了，心，心念力超過了，但是現在咱們的物理世界還沒有一個這樣的機器，東方虛空可以思嗎？可以量嗎？你想不到它的邊在哪裡，是不是？眞的是無法知道它的邊際在哪裡？

「南西北方四維上下虛空可思量不？」東南西北叫什麼？四正。東南、西南、東北、西北叫做四維，這個是八方，然後上、下這叫十方。「菩薩無住相佈施，福德亦復如是不可思量。」如果一個菩薩，不住相佈施，他的功德、福德會怎麼樣？「亦復如是不可思量」，全沒講道理，只講福德。很神奇，這個地方眞的很神奇，看看釋迦牟尼到底葫蘆裏賣的什麼藥？咱們往下看。

「須菩提！菩薩但應如所教住。」不講道理了，菩薩就應該按照我說的這麼做，別去問爲什麼，問爲什麼就錯，就有煩惱，否則有沒有權威的一面，很霸道，是不是？眞的不可以商量，道理何在呢？咱們眞要想不通，眞的覺得很糊塗，先往下看。

請大家跟我合掌
願消三障諸煩惱
願得智慧真明瞭
普願罪障悉消除
世世常行菩薩道
普願一切見者聞者聽者
遠離痛苦之因、痛苦之緣、痛苦之業

普願一切見者聞者聽者
建立解脫之因、解脫之緣、解脫之業
普願一切見者聞者聽者
快樂安詳得以解脫
願一切眾生
快樂安詳得以解脫
願一切眾生
快樂安詳得以解脫
願一切眾生
快樂安詳得以解脫

第五品

如理實見分

請大家合掌
南無本師釋迦牟尼佛
南無本師釋迦牟尼佛
南無本師釋迦牟尼佛
無上甚深微妙法
百千萬劫難遭遇
我今見聞得受持
願解如來真實意

「須菩提！於意云何？可以身相見如來不？」「不也，世尊！不可以身相得見如來。何以故？如來所說身相，即非身相。」佛告須菩提：「凡所有相，皆是虛妄。若見諸相非相，則見如來。」

剛才那個問題拋開一邊了，完全不住相佈施，不住色聲香味觸法，上來就怎麼樣？「於意云何？可以身相見如來不？」身相，可以顧名思義。佛陀有三十二大丈夫相，八十種隨行好。咱們看《三國演義》中的劉備，大耳垂肩，手長過膝，這都是三十二相中其中的二相，胸前有一個「卍」字，這個叫吉祥雲海，然後眉間有一個白毫，長長的。這些都是三十二丈夫相之一。八十種隨行好中，腳底下有一個大的圓輪，佛陀的腳底心有很大的一個像是畫出來的圓輪，眉很長，目很深，像大海的顏色，所以三十二大丈夫相，八十種隨行好，處處都很祥和，都很圓滿。這也就是爲什麼釋迦牟尼的教法在短短的四十九年就能夠打敗傳了三千年的婆羅門教的原因，跟佛陀的個人福報有直接關係，長得太漂亮了，用佛教的專業術語叫莊嚴。誰看了誰喜歡，老太太看了好，年輕小夥子看了好，小姑娘看了更覺得好，這就是佛陀，他叫滿月相。

那佛陀問須菩提了，「可以身相見如來不」？以爲長得這樣好就是了嗎？佛卻說「世尊，不可以身相得見如來」。不能拿長得好這樣子來見如來。

「如來所說身相，即非身相。」如來說的這個身相，是不是就是如來的身相呢？既是非相，既非身相，境界是不一樣的，只有慢慢地體味它裏面的含意。

「佛告須菩提」這話最重要了，「凡所有相，皆是虛妄」，虛妄不等於沒相，對不對？也就是有所有相，但是所有的相都是妄相，不是眞相。「若見諸相非相，則見如來。」如果看到所有的相只是一個一合相，第三十二品說，一合相緣起而有，我們所有看得到的，能被我們眼耳鼻舌身意認知到的，都叫做「緣起」。緣聚則現，緣散則滅，如果看到這個了，那麼若見諸相非相，即見如來，什麼如來？就是如其本來。我們沒有創造一分，沒有解決一分，沒有改變一分，他什麼樣子就接受什麼樣子。

好比洗衣服，這個油垢污染沒污染這衣服？你說沒污染，但是洗衣粉卻賣得那麼好。油垢歸油垢，領衫歸領衫，塵土歸塵土，汗漬歸汗漬，但是放在一起就不對了。所以說「法不洗塵，水不洗垢」。法不洗塵，佛法並沒有去洗你的那個污染，心中的煩惱，是你自己放下來的。水不去洗垢，是垢自離。垢本身，各位想想看，淤泥是好土做的，還是生就是淤泥啊？它一定是好土，是不是？質本潔來，因緣而染，不一定還潔去，可能會因緣而變成淤泥，但是你讓它一點點剔除，恢復本原清靜，這就是佛法。

「若見諸相非相，則見如來。」似乎還沒有回答問題，是不是？那麼再往下看。

請大家跟我合掌
願消三障諸煩惱
願得智慧真明瞭
普願罪障悉消除
世世常行菩薩道
普願一切見者聞者聽者
遠離痛苦之因、痛苦之緣、痛苦之業
普願一切見者聞者聽者
建立解脫之因、解脫之緣、解脫之業
普願一切見者聞者聽者
快樂安詳得以解脫
願一切眾生
快樂安詳得以解脫
願一切眾生
快樂安詳得以解脫
願一切眾生
快樂安詳得以解脫

第六品

正信稀有分

請大家合掌
南無本師釋迦牟尼佛
南無本師釋迦牟尼佛
南無本師釋迦牟尼佛
無上甚深微妙法
百千萬劫難遭遇
我今見聞得受持
願解如來真實意

> 須菩提白佛言：「世尊！頗有眾生，得聞如是言說章句，生實信不？」佛告須菩提：「莫作是說。如來滅後，後五百歲，有持戒修福者，於此章句能生信心，以此為實，當知是人不於一佛二佛三四五佛而種善根，已於無量千萬佛所種諸善根，聞是章句，乃至一念生淨信者，須菩提！如來悉知悉見，是諸眾生得如是無量福德。何以故？是諸眾生無復我相、人相、眾生相、壽者相；無法相，亦無非法相。何以故？是諸眾生若心取相，即為著我人眾生壽者。若取法相，即著我人眾生壽者。何以故？若取非法相，即著我人眾生壽者，是故不應取法，不應取非法。以是義故，如來常說：〈汝等比丘，知我說法，如筏喻者；法尚應捨，何況非法。〉」

說來說去還是沒有回答第四品中的那個問題，如何不住色、聲、香、味、觸、法而行佈施，「須菩提白佛言，世尊，頗有眾生」，也就是有很多很多具備根性的弟子們、眾生們、善男子、善女人們，「得聞如是言說章句」，意思是聽你這麼說了，「生實信不」，意思是能不能生實信呢？「佛告須菩提：莫作是說。」就是別這樣想，別這樣說，不是這樣子的。「如來滅後」，是等釋迦牟尼這個人離開這個世界，「後五百歲」，佛陀離開我們，到現在是五個五百歲是兩千五百年，今年是佛曆二五五二年，是指從釋迦牟尼去世那年開始算的，西曆是指耶穌基督誕生那一年開始算的。

「如來滅後，後五百歲，有持戒修福者」，回到問題上了，剛才說不住色聲香味觸法佈施，怎麼樣？其福德不可思量超於東方虛空，南西北方四維上下虛空，這是說後五百歲有了持戒，持什麼戒？佛法分了五乘教法。五乘教法中第一個叫做人乘教法。人乘教法專門以五戒爲基礎，不殺生、不偷盜、不邪淫、不妄語、不飲酒。

第一**個不殺生**。我們不妨來暢所欲言，不殺生在今天有沒有現時代的意義？對於民族與民族之間的交往，國家與國家之間的交往，星球與星球之間的交往，如果說全球七十億人都奉行不殺生戒，把一些軍備競賽的錢全都用來做全世界的環保，這些錢夠不夠？全世界的人奉行不殺，這個世界就沒有殺，簡單不簡單？可奇怪的是，你看天天殺的豬、鴨、牛、羊、狗，天天打的蚊子、蒼蠅、老鼠、蟑螂，有沒有絕跡呢？沒有。相反，受保護的大熊貓、亞洲虎、非洲象卻越來越少，人工繁殖還不行，爲什麼有的動物越殺越多，有的動物越保護越少，這關乎佛法的一些認知，可能是跟現在科學完全是背道而馳的認知，也就是佛法的認知早就存在兩千五百多年了，但是現在科學的認知，還剛剛是階段性的認知，不是個終極的認知。所以如果每個個體生命都能夠放下屠刀，也不一定能立地成佛，但起碼會有種心理上的依託。所以佛法是難信易行之法，就這麼一條戒，如能堅行，全世界可以消弭戰爭於無形之中。

第二個不偷盜。佛教的不偷盜界定得非常嚴，凡是有主物，你讓人做丟失想，皆算犯偷盜罪。有主物，顧名思義是有主的嘛，我的、你的、他的，包括是貓狗的都一樣。凡是有主物，你讓人家產生丟失想，就是犯盜罪，不該得的就不能拿，大家想想看：「夜不閉戶，路不拾遺」能不能做到？桃源世界可不可以做到？

第三個不邪淫。受法律保護的合理的性關係，就是夫妻關係，如果能做到不去傷害其他的婚姻關係，愛滋病、性病基本上就沒有人傳染了。

第四個不妄語。中國被供的最受尊敬的財神是武財神。爲什麼？因爲武財神能夠堅守信和義這兩個字，就是商人要注重這個信用，大家都不說假話了，就都能解決了。

第五個不飲酒。佛陀那個時代還沒有麻醉品，麻醉最厲害的就是酒精。如果佛陀出生在今天，相信大麻、鴉片之類的毒品，大概都是最要戒的，比酒還可怕。但佛教不禁煙，禁煙反而不是佛教的戒律。但是後來有人說煙影響人的修行，還編了一個故事，說佛陀臨證道前，魔王派魔女來引誘太子，打扮得花枝招展的，希望他放棄修行，能夠回到世俗的享樂之中。佛陀跟她說：在我眼裏你就是一個裝滿了大糞的軀體，就因爲這一句話，這個很漂亮的魔女，一下子就變成了一個特別醜陋的老太太，憤怒而去。後來佛陀去世了，這個魔女就開始來修理這些修行的人，用她的大便變成煙草。聽了這個故事之後，很多修行的人自然就容易戒煙了。佛教後來的一些祖師大德編了很多故事，目的是讓人放下一些不好的執著，很有效果，比跟你說「你不要抽煙」要強得多。

這是做人要修行的五條戒律，保證人與人的相處之道，然後修天法，叫十善法，在這五戒之上，把不妄語戒又增加了三條，第一條叫不兩舌。一個人當然有一個舌頭，但是跟著張三說李四，跟李四又去說張三這就叫兩舌。指傳播爭鬥是非，從中娛樂。第二條叫惡口，就是很粗惡的罵人。第三條叫綺語，就是說那種非常低級下流的話，比如黃色笑話。顛倒是非的話叫做妄語。從妄語上又開發了幾個戒律，加上不貪、不嗔、不癡，這就是十善法。

摩西十戒基本上就是十善法，佛教也有。十善法死後是升天，感恩的生命是死後上天堂去。那麼這個是我們看得見摸得著的。咱們看看泰國、老撾的和尚們，他們修的是什麼法呢？叫「四聖諦法」，開始是聲聞法，所謂聲聞就是聽到釋迦牟尼佛的教法而修行，叫苦、集、滅、道。苦不是痛苦的苦，而是殘缺的意思，殘缺不圓滿叫做苦，那苦的原因是什麼呢？叫做集，叫集其爲因。我們想要超越這個苦，改造這個殘缺讓它變得圓滿怎麼辦呢？叫做悟滅修道。道是一個道路方法，滅就是煩惱停下來之後的那個狀態，生命照樣還存在著，只不過生命處於沒有煩惱的狀態，這是聲聞乘的教法。

還有緣覺乘，緣覺乘就是十二因緣法，這個就難了。得懂一些心理學，我不知道在座有沒有做心理學的，導引人做心靈關愛，做這個特殊人群的輔助、輔教。十二因緣講的是什麼？無明緣行，行緣識，識緣名色。名色就是我們投胎，父親的精子與母親的卵子結合那一刹那就開始有了名色。五個禮拜三十五天之後，開始有六入，也就是眼耳鼻舌身意，這個時候去照超音波，會看見大腦的形象開始形成了。有一本經叫做《佛說入胎經》，裏面詳細地記錄肉胎在子宮裏的長大過程，雖然那時沒有這些科學儀器，但卻比現在醫學解剖還要精細到位。十二緣覺、十二緣起叫因緣觀，名色緣六入，有了六入後，這個小生命已有了自身的業力使然，比如有的時候特別饞，想吃某個東西，這種特殊的業力，使四川人即使轉生到北京來了，還是喜歡吃麻辣燙，這是現在醫學都解釋不了的原因，這種感覺在佛法上的解釋，叫緣覺。

還有一種菩薩乘，專門修六度法：佈施、持戒、忍辱、精進、禪定和般若智慧，所以佛法和教法分了人乘、天乘、聲聞乘、緣覺乘和菩薩乘，我們從哪裡入手更容易呢？從人上更容易入手是不是？但是恰恰現在佛教的傳播不是這樣的。看得見摸得著的我們不去抓，學禪的說你趕緊明心見性、成佛做祖；學密的說，你虹化而去吧，留個指甲在這讓人供養去；學淨土的說，趕緊死後上極樂世界，這個世界多痛苦啊！

整個是把你剝離到離開這個世間之外去，離開你現有的生命，去建立一個修行體系。所以現在佛教出了最大的問題就在於此，它忽略了根本，人乘即佛乘，是名眞現實。人乘即佛乘，所以要先從看得見摸得著的五戒做起。如果一個佛教徒平時總拿著一個念珠念著阿彌陀佛、阿彌陀佛……

到素菜館，服務員才端來韭菜，便把人罵一頓，剛才那個慈眉善目，阿彌陀佛的形象全在一罵之間毀掉了。念阿彌陀佛沒錯，誦經沒錯，打坐沒錯，吃素也沒錯，但那都是輔助，最根本的是把這五戒形之於生命的流程之中，念茲在茲，呼吸之間，儒家尚且講日三省吾身，那佛家講得更具體，就是以五戒來持身和口，以五戒來框範我們的身體和語言，心念還做不到控制它、訓練它，那麼我們先從身和口做起。

「持戒修福者」，修福者該怎麼修？修橋、補路、放生、綠化、做義工、佈施是不是就是修福的？「於此章句能生信心」，也就是這些持戒修福的人他滿足嗎？看看佛陀的法眼、天眼、慧眼，早就看出我們現實當中的問題了，雖然大家都在積極地行善，但有些做善事的人，卻心裏污濁還不如那些不做善事的人呢！他們只是沽名釣譽，僅僅滿足於做表面功夫。不住相佈施，就是不要追求人家知不知道我，人家記不記得我，不再追求了，也就是不住相佈施。

「有持戒修福者，於此章句能生信心，以此為實，」佛陀把我們現代人的弊病早就看出來了。「當知是人」，要知道這個人不是一尊佛前，兩尊佛前，三、四、五尊佛前種過善根，而是已於無量的千萬佛前種過善根。「聞是章句」，聽到這樣的說法，「乃至一念生淨信者」，一念，是多長時間？《僧只律》中記載：刹那者爲一念，二十念爲一瞬，二十瞬爲一彈指，二十彈指爲一羅預，二十羅預爲一須臾，一日一夜爲三十須臾，所以一念爲0.018秒。一念是極短極短的時間單位。「生淨信者，須菩提！如來悉知悉見。」大家想想看，這個悉知悉見，厲害不厲害？爲什麼佛陀能做到悉知悉見？而我們做不到呢？

佛陀如來，是如其本來，他沒有固定的形象，是不是？沒有固定的方所，也沒有固定的空間給他，諸法本來的樣子，就是如來，所以這一切都發生在本來的狀態，你說這個本來能不認知本來嗎？當然認知，所以悉知悉見。這裏是高度的理和事的不二。

「是諸眾生得如是無量福德。」這樣的眾生，不滿足單純的狹隘的行善，而是能夠從福德走向智慧了，這樣的眾生，開始無復我相、人相、眾生相、壽者相；「無法相，亦無非法相」。那麼這類眾生一開始有沒有相呢？有沒有我、人、眾生、壽者相呀？有。所以這裏說「無復我人」，他不再有了，一開始有，因此佛法的教學非常的人性化，以人爲本，也就是你這個人，一開始還打坐坐不住，嫌腿疼，念經嫌累，只有做善事又有名，出點錢，然後還能載歌載舞的，被人家記頌，這當然沒有問題，佛陀也歡喜這樣的人去行善，但是最後發現這樣有爲法的行善讓自己累，讓他人受苦，很辛苦，所以開始不滿足，要超越它。

「無復我相、人相、眾生相、壽者相」，所以佛法的佈施叫做三輪體空。三個輪子，體空，怎麼叫三個輪子呢？當我們正在拿一個東西給別人的時候，向內不見有我，向外不見有人，中間不見所給予的東西是什麼，三輪體空。我們去做一些善事，要慢慢體會。比如在擠公車時讓了一個座給別人，結果那個人連謝謝都不說，你就會很煩惱，是不是？因爲你施捨了，你把你的座位讓給別人，叫「座位施」，佈施。但同時你卻有所求，求不得，便令自己痛苦。

曾經有這樣一件事，在英國倫敦有一位國際知名的大企業家，每天早餐喝一杯咖啡，吃一個麵包，然後再來到一個報刊亭，拿一份報紙。每次他都對賣報的小夥子說聲謝謝，而小夥子卻置若罔聞，一個月，天天如此。他的老友就覺得很驚訝，他說：你是一個老者，是一個有成就的人，他一個小夥子你這樣對他，他連個謝謝都不說你難道不覺得過分嗎？這個大企業家說：不是這一個月如此，而是十七年來一向如此，這個小夥子從沒有說過一聲謝謝。這個老友很不理解問他：你爲什麼這樣？大企業家說：我的謝謝源自於我的態度，他做什麼跟我是不相關的，我對他充滿了感激，因爲他給我提供服務，我是眞正在感激他，我不是求他回報的。這就是不住相佈施，三輪體空的佈施。

那各位想想看，如果我們幫助他人、服務社會的時候，都抱著這樣一個心態來佈施，我們的心是不是就從善法的這種執取中超越出來了，解脫出來了？因此當我們在做一些善事被人誤解的時候，從中解脫出來，很簡單，佛法是讓你從痛苦和煩惱中解脫出來的，絕對不會讓你更添一份痛苦，但是爲什麼我們還會因爲學習佛法、學習佛教而痛苦呢？捫心自問，我們自己有多少問題？動機是否純淨？方法是否正確？選擇的老師是否具格？這三個方面。動機跟我自己相關，方法跟這個傳承相關，老師是否具格，這三個是我們擇法的標準。

是諸眾生既然遠離了我相、人相、眾生相、壽者相，那麼也就是「無法相，亦無非法相」。法相是什麼，認爲善惡是對立的？是不是法相？認爲生死是輪迴，涅槃是超越，是不是法相？既然超越了這些，法相沒有，也無非法相，然後我們可以做到怎麼樣呢？那麼世間的事是不是能自了呀？了又未了，何妨以不了了之？佛法全是教的智慧。「何以故」，爲什麼這樣呢？「是諸眾生若心取相」，如果心單獨執取了一個外相，有形有相的，有爲的則爲執著，我、人、眾生、壽者。這是從我、人、眾生純粹從個體生命的內在精神層面來切入。「若取法相，即著我人眾生壽者」，那法相是從外在的事功層面上看的，但是事功離不開內在，內在能離開事功嗎？離不開。所以，「若取非法相，即著我人眾生壽者」。

大家有沒有看過《達摩祖師》那個電影？一堆小和尚在打坐，說大家都不許說話，外面的風一吹把蠟燭吹滅了。一個小和尚喊了一句「蠟滅了」，另一個小和尚說「你說話了」，然後第三個小和尚說「只有我沒說」。達摩祖師一看，這一群人不足與道，然後起身而去。你看這就是，你認爲取了法相不對，你取了非法相，對不對呢？也不對。你都建在二元認知上，非法相就是法相，你已經對立起來了。「即著我人眾生壽者，是故不應取法，不應取非法。」也就是一下子打破了對立，回到本源。

「以是義故，如來常說」，就是因爲這樣子，如來經常說。「汝等比丘」，你們這些比丘，你們這些弟子們，應該怎麼樣？「知我說法」，聽我本人所講的法，「如筏喻者」，就好像乘一個筏子過河，「法尚應捨，何況非法」，那麼過了河之後，我們應該怎麼樣？看過《諾曼地登陸》嗎？要搶佔橋頭堡，能背著運輸艦去打仗嗎？該丟的都得

丟掉，所以巴頓將軍去搶救一○一空降師的時候，把不必要的輜重都丟掉了。

所以佛的講法更多的時候像以楔除楔。我們在農村常看到木匠幹活時不用釘子，對不對？夾在一個縫裏出來一個小楔子，要想除這個小楔子，就得再做一個大楔子，把它鑿鑿，這個縫多大？小的出去了，大的再以楔除楔，最後大楔子小楔子都不留。佛法就是這樣子，我們有一個煩惱就有一個對治的方法。當這個煩惱已經止滅消失的時候，這個對治的方法自然也就不需要了。

所以念佛是個楔子，參禪是個楔子，持咒語是個楔子，打坐、吃素、放生也都是楔子。所以祖師說：佛說一切法，爲除一切心，我無一切心，何需一切法？佛說的一切法就是爲了除我們心中的妄想，那我沒有一個妄想，我也用不著一切法。

南台守安禪師做過一首詩，說：「南台靜坐一爐香，終日凝然萬慮亡。不是息心除妄想，都緣無事可思量。」在山頂上坐一支香的功夫，古人一支香是一個時辰兩個小時。所以古人的定力高一點點，爲什麼？他眼耳鼻舌身意對應外在的引誘少，不像現代人捨不得吃苦，捨不得忍受痛苦，我們太容易把我們的眼耳鼻舌身意去找它的獵物，眼找它的獵物是什麼？色。耳找它的獵物是什麼？聲。鼻的獵物呢？香。舌的獵物是味，身對的獵物是什麼？觸。然後我們意念對應的獵物是法塵，就是對過去的回憶，對未來的擔憂，以及對眼前正在發生的無可奈何事情的無可奈何。所以人生就是殘缺不圓滿，殘缺不圓滿是普遍的共相，所以叫做苦，它不是痛苦的苦。

請大家跟我合掌
願消三障諸煩惱
願得智慧真明瞭
普願罪障悉消除
世世常行菩薩道
普願一切見者聞者聽者
遠離痛苦之因、痛苦之緣、痛苦之業
普願一切見者聞者聽者
建立解脫之因、解脫之緣、解脫之業
普願一切見者聞者聽者
快樂安詳得以解脫
願一切眾生
快樂安詳得以解脫
願一切眾生
快樂安詳得以解脫
願一切眾生
快樂安詳得以解脫

第七品

無得無說分

請大家合掌
南無本師釋迦牟尼佛
南無本師釋迦牟尼佛
南無本師釋迦牟尼佛
無上甚深微妙法
百千萬劫難遭遇
我今見聞得受持
願解如來真實意

「須菩提！於意云何？如來得阿耨多羅三藐三菩提耶？如來有所說法耶？」須菩提言：「如我解佛所說義，無有定法名阿耨多羅三藐三菩提，亦無有定法，如來可說。何以故？如來所說法，皆不可取、不可說、非法、非非法。所以者何？一切聖賢，皆以無為法而有差別。」

這一段可以作爲整個《心經》的注解，《心經》裏面說無智亦無得，這裏說無得無說分。須菩提你怎麼樣想呢？與你的內心是怎麼樣計較的？如來難道得了阿耨多羅三藐三菩提了，就獲得了正等正覺嗎？如來有所說嗎？說過法嗎？須菩提說：按照我個人的理解，無有定法，沒有一個實實在在的法，叫做阿耨多羅三藐三菩提，亦沒有定法如來可說。那剛才我們說的人乘的五戒法、天乘的十善法，聲聞的四諦法、緣覺的十二因緣法，菩薩的六度法，怎麼樣？全給否定了，全都沒有定法，如來可說也沒有定法，名無上正等正覺。何以故呢？如來所說法，皆不可取。

於是有人斷章取義了，如來所說法皆不可取，所以都可以打入冷宮了，很多人就是這樣來理解佛經的。如果佛陀在場，我想那個佛陀一定是，不會氣死，但會大呼冤枉了。所以依文解意，三世佛冤。照本宣科，斷章取義了，三世的佛，過去的佛，現在的佛，以及未來將要來的佛都覺得太冤枉了，佛可不是那意思啊！所以依文解意，皆不可取，不可說。不可取，即不可執取的意思，不可說，在這點上，只有禪宗繼承了這個衣缽。「但有言全都無實意」，沒有實實在在的意義，皆是戲論。禪宗這樣說。既然沒有實在的話，怎麼辦呢？非法、非非法。非法，你馬上覺得一切都可以放了進入空，但是非非法，你又不能進入空，還得安住有，所以空有不二，是非不二，對錯不二，黑白不二，美醜不二，老少不二，男女不二，此與彼不二，因與果不二，這些都講的純粹空性的法理。

「所以者何？一切聖賢，皆以無為法而有差別。」爲什麼這樣說？看看孔老夫子叫做什麼人？是聖還是賢？至聖先師是不是？蘇格拉底有句名言：我唯一知道的就是我什麼都不知道。憨豆先生說：「He knows nothing，he knows everything.」他什麼都知道，所以他一無所知，這兩個人的話都是一樣的道理。一切聖賢，皆以無爲法而有差別，無爲法對應的是什麼？是有爲法。聖賢們不得已安立一個教法，叫黃葉止啼，就是轉移注意力。小孩子哭了沒有辦法，總不能跟他說：你別哭，你別哭。大家都煩了，他還是哭，只好讓他轉移注意力。佛法就是這樣，叫黃葉止啼。

聖賢們沒有辦法，從無爲法中拿出一點眾生的認知，能夠接受的有爲法讓大家去做，但是眾生把這個作爲一個實實在在的東西抓得牢牢不放，痛苦死了，聖賢也痛苦死了，沒那樣說呀，但是他就偏偏那樣做。子非魚，安知魚之非樂；周非蝶，安知蝶之非周呢？整個都是顚倒的，所以眾生就是這樣，一切聖賢皆以無爲法而有差別，在佛法觀之，在佛眼視之，天下的一切都是平等，因此釋迦牟尼所開創的佛法，最核心的特色就是平等。

本身禪宗有一句話：正人用邪法，邪法也是正；邪人用正法，正法亦是邪。華佗給曹操治頭風病用的什麼招？那是不是正人用邪法，邪法也是正。看過《愛德華醫生》嗎？那些醫生以天使的名義去行殺人之業。邪人用正法，正法亦是邪。所以正和邪在世間的認知下，正邪不兩立，在佛法認知沒有正自然就沒有邪。沒有邪，當然也顯不出正來，對不對？禍兮福之所倚，福兮禍之所伏。但是福禍無門，爲誰自招呀？自己。因爲你內心的動機有變化，所以才感應了福禍上門，跟外在沒關係。

如果佛法的狀態只能像哲學大師那樣的人才能用的，那就不是佛法，佛法的平等，大學教授能用，踩三輪的老頭也能用，這才叫佛法，叫平等。

爲什麼佛法的特色是平等，它的教育根本是平等呢？大家想想看，出生面前皇帝和乞丐的兒子有差別嗎？只不過接生環境有差別是不是？出生這件事絕對平等，衰老這件事皇帝和乞丐是平等的，疾病面前是平等的，死亡面前是平等的。

請大家跟我合掌
願消三障諸煩惱
願得智慧真明瞭
普願罪障悉消除
世世常行菩薩道
普願一切見者聞者聽者
遠離痛苦之因、痛苦之緣、痛苦之業
普願一切見者聞者聽者
建立解脫之因、解脫之緣、解脫之業
普願一切見者聞者聽者
快樂安詳得以解脫
願一切眾生
快樂安詳得以解脫
願一切眾生
快樂安詳得以解脫
願一切眾生
快樂安詳得以解脫

第八品

依法出生分

請大家合掌

南無本師釋迦牟尼佛

南無本師釋迦牟尼佛

南無本師釋迦牟尼佛

無上甚深微妙法

百千萬劫難遭遇

我今見聞得受持

願解如來真實意

> 須菩提！於意云何？若人滿三千大千世界七寶，以用佈施，是人所得福德，寧為多不？須菩提言：甚多，世尊！何以故？是福德，即非福德性。是故如來說福德多。若復有人於此經中受持，乃至四句偈等，為他人說，其福勝彼。何以故？須菩提！一切諸佛及諸佛阿耨多羅三藐三菩提法，皆從此經出。須菩提！所謂佛法者，即非佛法。

須菩提，你又怎麼想的呢？如果有人「滿三千大千世界七寶，用以佈施」。七寶包括：金子、銀子、硨磲（類似貝殼）、赤珠、玻璃、珍珠、瑪瑙。這些價值得到全人類所共尊的，所以叫做寶。「三千大千世界」是什麼意思呢？一千個日月叫一個小世界，整個銀河系才一個日月，是不是？一千個日月這樣的銀河系叫做一個小世界，那麼再這樣的乘以一個一千叫做一個中世界，再乘以一個一千成爲一個大千世界，三千大千世界也就是無窮盡的意思。那麼把這麼多的七寶都佈施給別人了，須菩提說：眞的很多啊！但這樣的福德它的本性是不是福德呢？不是的。因爲財物七寶並不歸你所有，你只是代

管而已，各位想想這裏面的道理。

不屬於你所有，所以即非福德性。佛法這裏邊講的道理很深奧，但是又很簡單，既然我們只是代管，幹嘛不讓大家共用呢？你看，清新的空氣，清澈的河流，美麗的草原……沒人管理，所以人人共用，對不對？

那我們一旦明白了「是福德，即非福德性」。好！捨出去！大家想想看，一滴水要讓它永不乾涸，該交給誰？交給大海。大家都知道這個道理，卻就是捨不得把自己放進大海裏。什麼是大海？無量無邊的眾生就是大海。把我們的身心用於跟無量無邊的眾生打交道，用我們的慈悲、耐心、智慧去跟他們打交道，那就是大海。所以佛法是積極的、善良的，而不是獨善的、消極的。只有這樣，我們才能夠讓一切的眾生共容、共用、共在、共吉祥。

「若復有人於此經中受持，乃至四句偈等」，「受」，接受了，「持」，持之不失，能夠讓它變成爲我所有，能眞正把這個道理融會貫通於心，乃至四句偈等，「四句偈」不是指詩歌似的說：「若人欲了知，三世一切佛，應觀法界性，一切唯心造。」

《金剛經》裏面也有兩個四句偈：「一切有爲法，如夢幻泡影，如露亦如電，應做如是觀。」另一個：「若以色見我，以音聲求我，是人行邪道，不能見如來」，這也叫四句偈，但是這裏的四句偈是指完整的，只要是四句放在一起這一句話的意思完整，就叫做四句偈。「受持」，哪怕就少到這麼一點點，並且「爲他人說」。而第七品中說：

「如來所說法，皆不可取、不可說。」似乎佛陀在玩文字遊戲，這裏卻是爲他人說。所以要沒有點邏輯想像思辨能力，眞的會被佛陀給搞暈了。

「為他人說，其福勝彼。」能夠爲別人說，也就是不但自己能夠得到這種法樂了，還能讓別人也分享到。「何以故」呢？因爲一切諸佛所以能夠成爲佛，成就無上正等正覺的法，「皆從此經出」，都是從此流出來的，都是從此獲得的最高的覺悟。

「須菩提！所謂佛法者，即非佛法。」一切諸佛及諸佛無上正等正覺法皆從此經出，是不是立了一個東西啊？立了。「須菩提，所謂佛法者，即非佛法」。不要把佛法當成一回事，隨立隨破，隨破隨立，這樣才能達到一種空性。所以這個叫解空第一的須菩提，而不是智慧第一的舍利佛。作爲佛的弟子，有了師徒之間共同演說的這樣一段戲文。且是空性的、解空第一的。

❖明奘開示

問：剛才講的富人與窮人在死亡面前是平等的，但是現在畢竟是物質世界，如果說生了同樣的病，富人物質條件很好，他可以有更好的醫療條件，所以能更快獲得身體的改善，但是窮人沒有經濟條件去支付醫藥費，他就沒有辦法去改善身體，他有可能就面臨死亡，那你怎麼能說這個死亡面前是平等的？

答：死亡本身這件事情是絕對平等的。只不過死的環境會不同，有錢的死在高級太平間，窮人也許就死在家的炕上。活著時，身心不安寧，被各種各樣的痛苦逼迫著、壓累著，不舒服、不自在，在這個面前是不是平等？絕對平等，對不對？跟喜歡的人分離，跟討厭的人相聚，就連皇帝也免不了會見到他不喜歡的大臣。所以佛法講，我們的生命線上有八種殘缺充滿世間，生、老、病、死，與喜愛的東西分離，與討厭的東西相聚，然後身心不得安寧，還有一個最根本的，那種求不得、輾轉反側的苦，是更苦的，在這八個人生體驗面前人人平等，絕對平等。也許每個個體的病因、病源以及因緣都不相同，但是生病這件事情，讓他身心不自在，使他受到逼迫，都是一樣的，平等的。因此佛陀發現這個世間的共相絕對存在一個平等，他的熄滅煩惱的方法無論對任何人都平等，只要你願意，這個方法就管用。這就是佛法的平等教法，能夠立教的基礎，跟你信不信沒關係。只要你願意運用這個方法，來熄滅自己的煩惱，就能讓自己得到解脫。

問：孔子在《論語》裏面曾經提到過：君子之風是時時刻刻都在的，不只在出入之間，在顛沛的時候、困頓的時候也在。所以我認爲所謂的不住那一些東西之佈施，應該是一個大住的佈施，就是說時時處處皆在的佈施。

答：這個不住色佈施，實際上我在我的《心如晴空》一書裏，教給大家的禪修方法就是用的這個方法。所謂的佈施一是指財施、二是指法施、三是指無畏施。財施是我們看得見、摸得著的；再說法施，比如你在打坐，生起一個念頭，你抓住它，不放，是不是捨不得啊？你現在歡喜的，我不要它，是不是就捨了。你捨掉了妄念是不是清靜就來了，你要去體會。色、聲、香、味、觸、法，是不住法佈施。在日常生活的禪修中，如果能眞正超越這種種妄念，就不住任何佈施，不存在大住與小住。小住，你心裏面住一個石子也是病，住一百個石子也是病，對不對？總歸你心裏有所住，住了任何東西都是住。無所住，既不住大，也不住小，既不住色聲香味觸法，也不住眼耳鼻舌身意，那就是了。

問：自然法和佛法是什麼關係？「跳出三界外」是不是就沒有自然法了？

答：跳出三界外不在五行中，跳出哪三界呢？欲界、色界和無色界。那跳出三界外跑到哪個界了呢？除了三界還有哪個界？

唐代有一個著名的百丈禪師，有一天講法，座中一個天天跟著聽的老頭，說：和尚呀！我們這個禪宗管這個「和尚」的意思叫「親教師」，和尚是親自教導你的老師，「和尚」兩個字的本意就是「親教師」。那時叫和尚是非常非常尊敬的尊稱，但今天卻成了一個很低俗的跑江湖的術語了。那個老頭說：我不是人，是個狐狸。我五百世前在這裏做一個方丈，就在這個地方，有個修行人來問我：一個大修行人還落因果否？我當時的回答是「不落因果」，結果因這一句話五百世前變成了一個狐狸，並且是野狐狸，不能認祖歸宗的狐狸。百丈禪師說那你來問我啊，這個狐狸化身的老頭說：「那和尚我來問你，大修行人還落因果否？」百丈禪師就給了他四個字，「不昧因果」。愚昧的昧。不昧，就是知、知道，不昧因果。所以佛陀不能轉定業，因緣會遇時，果報還自受，佛也不能轉定業。意思是他這一生得經過很多痛苦的日子。所以叫「不昧因果」，該付出的要付出。

「心亡罪滅兩具空」是說什麼意思呢？「心亡罪滅」純粹是從法性上、空性上來說的，但是在事相上呢？做得到做不到呢？做不到。比如翻譯了好多經典的安世高，是安息國的王子，安息就是今天的伊朗。他有神通，能聽懂鳥說話，他也有宿命通，知道自己的前生。第一次來到中國時，走在路上莫名其妙地被一個年輕人拿起一把刀給砍死了，因爲他知道宿命通便不再迷惑了，然後轉世又回到安息國，又生爲太子，然後又修行，繼續又來中國。但他一算他還欠一條命，還在同一個出事地點，洛陽附近，便又跑到那兒去了，那個曾殺他的人一看，當年打死的人二十年之後又是一條好漢來了，而他已經老了，便嚇壞了，問太子是鬼還是人，太子說他是人，但已不是原來那個人了，已經又托生一次了。然後那個人說你找我來不是索命的吧？太子說不是索命的，我還欠了中國人一條命，明天我叫你跟我做伴。太子說做伴是什麼意思呢？就是告訴世人知道，明天殺我的那個人是我過去無意中殺害過的人，所以這次我來還命，因爲我修行已經解脫了，所以來償還，不希望再糾纏下去了。第二天這個老頭陪著安世高，走在大街上，碰到一個賣柴人，賣柴人前邊擔一捆柴後邊擔一捆柴，安世高走在賣柴人後邊，前面那個捆柴火的繩兒突然斷了，一個大木棍往後一倒，正砸在安世高的腦袋上，把他給砸死了。樵夫便被抓起來了，這個時候那個老頭給作證了，說是無意間砸死的，大家便明白了，原來是所造業不亡，不昧因果。所以大修行的人還得要遵從因果法則，爲什麼很多大修行人既沒出來建寺，也沒出來弘法，是他觀察因果，他還沒有這個因緣。

問：佛法的核心是平等，爲什麼是平等而不是諸法皆空，或者涅槃寂靜呢？

答：因爲諸法皆空所以才體現了平等。西方的哲學裏講到了人生的不平等，比如盧梭的《社會契約論》，本來大家都平等的，可有人在這個平等的地上圈了一個籬笆，對外宣稱這塊地是我的，然後就有了天賦人權，而他所謂的平等是相對的，而佛法講平等是因爲本來就是平等的，不是因爲以神的規定性、創造性和人爲的規定性，這個是「法而平等」，和「制約平等」完全是不一樣的。很多宣導平等的組織，比如西方一些人權組織，完全建立在一個事情的層面上，所以現在有一類中國人盲目地認爲西方的月亮好，我是很反對的，我們東方文化有很多寶貴精華的東西不去用，卻把它打成一缸醬，然後蘸醬吃。是數典忘祖的。

問：第七分的最後一句：「一切賢聖皆以無爲法而有差別」，您能再解釋一下嗎？

答：好。這個話也就是顯出了教育的差別性。本來無爲法，比如說虛空是無爲的，是不是？體性上的平等是不是無爲的？因爲沒有人約定誰高誰低，就是大家平等，這都是叫無爲法。但是關於無爲法有幾個人能了解這個道理呢？聖賢們能了解，普通的凡夫怎麼能了解呢？必須要接受教育，這些老師們根據自己所處的時代背景、民族情結、文化背景，然後設立自己的教化，爲了方便教育。所以叫此心同、此理同、他方同、此界同。他方指其他的星球也一樣，此界都是一樣的。東方有聖人焉，西方有聖人焉，都是講的一個道理，但是因爲他必須要「觀機鬥教」，觀察當時適合的根性，來找到一個最佳的辦法。比如西方的教化是博愛，爲什麼？因爲人們根性中總難免有心胸狹隘的成分，俄羅斯人最具代表性，他們特別願意去決鬥，是吧？

有這樣的笑話，說俄羅斯人最容易決鬥，爲什麼都決鬥，爲一瓶伏特加決鬥，爲一個美女決鬥，爲一塊貂皮也去決鬥，因爲心胸狹窄，所以耶穌基督針對這樣一個根性來建立這個博愛的教法。那釋迦牟尼針對印度婆羅門、刹帝利、首陀羅、吠舍這個四種姓階級，壁壘森嚴的嚴格種性，不能通婚、不能通商、不能共用一口井水、不能同走一條路，到了這種程度，便宣導這個平等的教法，都是針對性的。孔老夫子針對我們中華民族的根性，設立了自己的教育體系，叫聖賢。源初點都是喜馬拉雅山頂上，山上流下的水本性都一樣的，但是流經的區域不同，就完全變了。

問：我在生活中遇到了種種的不平等，平等不是說說的，它那麼容易做到嗎？

答：各位說，世間上有沒有絕對的平等？法性上絕對、徹底的平等，但是在事相上呢？萬萬不能平等。社會就是一個高度的分工，密切的合作，森羅萬象中，體現了一個莊嚴，大家所有的高者高、卑者卑、賤者賤、貴者貴完後成就這個世界的莊嚴。法住法位，世間上常住。王子與貧兒偶爾換一下，偶爾去瘋一下，可以嗎？世界就亂了，自然法則就被推倒了。所以絕對的平等的相是找不到的。就在你的自身上有沒有平等呢？

當年韓愈的學生李翺去拜訪藥山惟儼禪師，堂堂的刺史大人見藥山惟儼禪師，禪師坐在這裏，不理他，連著三次都不理他，最後這次李翺痛苦地甩袖子就出門了，冒出一句話來：「眼見不如耳聞。」這時候藥山惟儼禪師輕描淡寫地說出一句話：「刺史，何得貴耳而賤目乎？」刺史啊！你自己的耳、目就已經不平等了，你能做到平等嗎？所以很有意思，佛陀說平等平等，但是佛有幾回是自己去種地的？他更多的時間在幹嘛？教育別人。

問：「殺生」這個現象是不能杜絕的嗎？

答：大家說能做到嗎？做不到。只有到三果阿羅漢才能做到，初果阿羅漢、二果阿羅漢還做不到。「佛觀一滴水、八萬四千蟲。」佛生活的時代還沒有顯微鏡能觀察，但阿羅漢他證得天眼了，所以看到水裏邊都是生命，他不喝，就死了。最後佛陀發現這件事，就規定，阿羅漢弟子們在喝水的時候不准用天眼，也就是不准用神通，必須用凡胎肉眼，但是又讓他們拿一個濾水囊，用以過濾掉水中的微生物。所以我們出家人都有一個濾水囊，喝水的時候從河裏舀了水，濾一下才喝，但是那裏面微細的生命呢？其實再想想，撓一下皮膚，就會死掉多少眾生？打個噴嚏會死多少眾生？

佛經中有個故事，說有一天鷦鷯國的國王，在皇宮裏處理完政事了，然後出來到大街上閑走，發現地曠人稀。大家想想這個鷦鷯國的國王生活在哪裡呢？知道嗎？在人的一個眉毛裏，他就是國王。聊齋裏邊也有類似的故事。所以不殺生在我們這個凡夫階段是做不到的，在初果阿羅漢、二果阿羅漢也都勉強做。佛教的不殺生有一個根本的定義，它不是盲目的禁殺，它有界定，不故意斷除別人的生命，專門指人，不故斷人命。

殺又分四類：第一、殺的動機很重、殺的對象很重。比如說謀財害命，潘金蓮跟西門慶搞死武大，這就叫做殺的動機很重，殺的對象是人，很重。第二、殺的動機很重，殺的對象很輕。你已經被那個老鼠折騰得實在忍無可忍了，受不了，買老鼠藥，去殺了。第三、殺的動機很輕，殺的對象很重。正當防衛，防衛過度，這個就是你沒有殺他的心，但是卻被你殺死了。這樣的故事很多。還有醫生在手術臺上，本來是開顱手術、開胸手術的，但突然那時候停電了，這個時候叫過失殺人，有判他死刑的嗎？沒有。不但是佛法不判他死刑，世間的法律也不判他死刑，因爲他並不是故意殺人。第四、殺的動機很輕，就是心裏很輕，殺的對象也很輕。你開車，在海邊上被蛾子、燕子低飛著撞上來，你是想殺牠嗎？不是。你走路有螞蟻，農夫要耕田，就這樣子。

殺包括殺因、殺緣、殺法、殺業。殺因就是動機，殺緣具體要有一個條件成熟，殺的具體方法最後一定是斷除對方的命，命根已斷，叫殺法成就。你蓄謀已久了，在這裏無所作爲，繩子準備好了，刀子也準備好了，但是你沒拽響那個地雷，人家還是走過去，平安過去了，儘管殺因、殺法、殺緣三個都有，但是殺業不成就，不犯殺戒。所以一定要學習這些戒律，它是很嚴格的界定。那麼佛又在一些重要的了義根本經典上說，當政法、國土遭到侵略的時候，在家信徒捨棄不殺生戒，不要再奉行不殺生戒，拿起武器保衛祖國。這就是佛法，它不是機械的，不是狹隘的，它是非常非常圓融的。

問：凡所有相皆是虛妄，那寺院的佛像又是什麼相呢？是虛妄的心求虛妄的相嗎？

答：這個問題問得很好。我在很多地方講，世間上第一尊佛像誕生在什麼時候呢？佛陀去世後五百年，希臘的藝術家在迦濕彌羅雕了一尊佛像。佛陀本來是光頭，可爲什麼雕出來的佛像都有一個個的纘兒呢？你想那是眞的佛像嗎？不是的。所以「佛像出，佛法衰」。就是這樣。在純淨的佛法裏邊，大家爲了感念佛陀的恩德，第一、是弄一塊石頭，在上邊刻一雙輪子，擱在這兒證明大家按照佛陀的足跡繼續走在這條解脫之道上。第二、一個輪子，法輪，推動之意，佛法一定要推動它，不能讓它死在那兒，推動之意。第三、種一棵菩提樹，感念這棵樹曾經給覺者提供一個陰涼的座位，遮雨遮陽。

第四、佛陀火化後的舍利，建一個小塔，只有這四個東西。現在我們到印度去，到斯里蘭卡去，到原始佛教傳播區去，發現還是這樣子，沒有所謂的什麼佛像。那現在我們漢傳佛教、藏傳佛教的佛像越來越多，是不是？「不看僧面看佛面」，「佛面猶如淨滿月」，「一如圓月放光明」，編了很多美好的詞，但是已經失去了那個本來的意思。

唐代有一個著名的禪師，叫丹霞天然禪師。悟道之後，離開他的老師馬祖到處參學，到了一個地藏院。因爲天冷，他就拿了一尊木佛當柴燒了。這時方丈和尚來了：嘿，你這個臭和尚撒野來了！你猜丹霞禪師說什麼？他說：我在這兒燒舍利呢。方丈和尚說：木佛哪來舍利呀？丹霞禪師馬上又說：既然木佛沒舍利，再拿一尊讓我烤暖……

因此我們現在大搞這個佛像的莊嚴，建的佛像唯恐不大，貼的金唯恐不厚。這個是佛像出，佛法衰。所以在人的內心建立純淨的佛法應該是我們的責任，而不是盲目地建大佛、建大廟。但是很悲哀的是，你沒有這樣一個大佛大廟的傳播區域，你又沒辦法傳播純淨的佛法，兩難，我這些年的感覺，眞的是兩難，我想去推廣純淨的佛法，我只想在人心裏建一座神聖的殿堂，這個殿堂只有智慧和慈悲，沒有別的，但是眞的難得不得了。方方面面的壓力。似乎總是在拿出大量的生命和時間、精力去做那些很無意義的事，可是沒有這些沒有意義的載體，卻又做不了這種純淨的事情。

問：因果不昧和不昧因果是同一個意思嗎？

答：如果說從這個作用和操作方法上，因果不昧，是一個法理、是個道理；不昧因果是個選擇、作爲。一個是理、一個是事。

問：空心靜坐是默照禪嗎？

答：空心靜坐也不一定是默照禪。宋代的宏智正覺禪師提倡默照禪，是跟大慧宗杲禪師宣導的話頭禪對應而來的。空心靜坐，誰在坐？如果你在這兒打坐是爲了修定，既然坐時才有定，不坐就沒定，那麼這個定就不是眞定，有出入，對不對？所以遭到了馬祖道一、青原行思、南嶽懷讓、六祖這些大師的痛斥。「若覓眞不動，動上有不動」。這是六祖所說的話，所以默照禪是一個具體的方法，以曹洞宗的修行方法爲主。

問：關於業力與因緣豈不是都是偶然？業力與春夏秋冬、潮起潮落等自然規律一樣，只是自然而然發生的？

答：我推薦你看《楞嚴經》，非因非緣非自然，但是不離因緣自然。好好看看《楞嚴經》第六品，這個問題在那裏邊回答得非常透徹，佛教的科學觀、佛教的世界觀、佛教的宇宙觀在那裏邊都有解釋。

問：如果我意識到我痛苦了，那我是不是應該放下？

答：對呀，你已經認識到痛苦了，你已經不想過痛苦的日子了，還不放下，不是挺傻的嗎？痛苦與快樂是平等的，遵從一個法則，什麼法則？是你心感知的痛苦與快樂，對不對？既然你的心感知的痛苦與快樂，你想想看，痛苦與快樂天天有，那你到底把握哪一個呢？是把握你那個能認知的心，讓它平靜、平常、平等。

問：想吃雞肉、魚肉，於是去殺魚和雞，是否造殺業？

答：對的，造殺業。所以佛教徒講究吃「三淨肉」。什麼叫做「三淨肉」呢？第一、眼不見殺，你沒有親自看到人家殺；第二、耳不聞殺，沒有聽到被殺的牛的哭叫聲音；第三、不爲己所殺，不專門爲你殺。這叫三淨肉，可以吃。

問：現在做流產的女孩特別多，是否造殺業？

答：是的。因爲從這個十二因緣觀來講，「名色緣六入」，精卵結合三十五天之後一個小生命就成型了，已經是在造殺業了。

問：定業不可轉和宿命論有什麼區別嗎？我們讀過《了凡四訓》知道修行可以改命的，**那到底是哪些業可以改哪些業不能改，定業和一般業的區別在哪？**

答：所謂定業不可轉，只占四分之一，還有四分之三可以轉。「時定報也定」，時間定了，報應也定了。比如說你現在種了一顆西瓜種子，或者種了橘子的種子，然後按照自然法則，時間、正常的灌溉、正常的施肥、正常的陽光照射、沒有大風、沒有大火燒，不用撒石灰，正常開花結果的時間定不定？（大眾回答：定的。）

這就叫報必定，時間呢？也定，這個基本上不可轉，這是說時定報也定，不可轉。

「報定時不定」是什麼樣的？你用桶裝瓦斯燒一壺開水，燒到80度的時候，桶裝瓦斯燒完了，你又用電磁爐再燒，燒到90度的時候，電又停了，最後只好去拿木柴燒，三天燒一壺開水，水必然要開，對不對？但是因爲時間不定，這可以轉。時候不定報也不定的，比如說你今天罵了一個人，到底什麼時候他才來報應你呢？時間不定，報應不定，也許這一生、也許下一生、也許無窮盡生，這叫「時不定報也不定」，這也可以轉。然後還有「時定報不定」，時間是定的，報是不一定的。有沒有這樣的例子？（大眾回答：考試。）

考試，對的。兩個小時，就答高考的問卷，必須交，但是報不定的。這個太多例子了。時定報不定，時報具不定，報定時不定，這三個都可以改緣，但不能改種子，這個叫什麼？「報」，你種的是西瓜種子，可你念經、念咒要變成芝麻，它能變成芝麻嗎？西瓜就是西瓜，對不對？念什麼經、念什麼咒也不會靈。但是現在有癡迷的佛教徒，就在做這樣的事，自己不去積累自己的健康之因、福報之因、智慧之因，就在那兒盲目地念叨，佛陀呀讓我健康吧！佛陀呀讓我快樂吧！佛陀呀讓我有智慧吧！佛陀呀快讓我找個男朋友、女朋友吧！

自己不去努力改變自己，卻一味地盲求，把好端端的佛快打造成一個貪官污吏了。善惡不分、是非不辨，這就是現在佛像的作爲。惡人來這燒了香，保佑他殺人放火順暢；投機倒把、偷稅漏稅的人來燒香，保佑他偷得更多，漏的稅更多。佛陀是不是變成一個是非不分的人了呢？是誰把佛、佛像給變成這樣的呢？是我們自身。所以眞正的佛法是關乎生命的、心性的、心靈的，但是心靈不能離開這個肉體、語言的載體，也就是關於身口意的。因此如果給佛法做一個準確的定義和定位，佛法就是關乎我們生命的藝術，這個藝術人人都應該去學，而不是佛教徒、和尚、居士才去學，人人都應該學習這門「生命的藝術」。

問：我們目前現實生活中所追求的眞善美，比如繪畫，大家都喜歡看特別漂亮的，音樂也是願意聽悅耳的，這跟佛法講的「色即是空，空即是色」是不是有違背？或者說是不是有矛盾的地方？我們現實生活中對這些追求對不對？佛法給大家心靈的一種解脫或者超脫，跟阿Q精神有什麼異同？

答：「五色令人眼盲，五音令人耳聾，五味令人口爽，馳騁畋獵，令人心發狂。」咱們覺得它好是嗎？一個在深山老林裏，困冷交加的人，看看這裏哪個好點火？衣服捨不得是不是？只有這些畫最容易點火。所以對一個在深山老林裏渴望取暖的人來說，這些畫是最好的引火紙。但是在梵谷眼裏呢？這些是什麼？是寶貝。對某一些人實用，而對更多的人只不過是一個不相關的擺設。所以本性皆空，色不異空、空不異色，色即是空、空即是色。具備一切可能性就是它的空性。因此佛法的大積極，大的創造性是在空性中體現出來的。

阿Q精神和佛法的追求超越對立，在行為上有點接近，但導向的目的有天壤之別。阿Q導向的是愚癡更愚癡，但是佛法導向的是光明更光明、智慧更智慧、解脫更解脫，本質上的差異，就是終極導向不同了。貓在老鼠洞門口專注地等待是定，但是導致的是什麼？殺生。丐幫訓練小孩子在滾沸的油鍋裏抓雞蛋，抓出來、不燙傷，也是高度的定，導致了什麼？偷盜。所以定、戒都有跟世間共的，但唯有智慧，緣起性空的智慧是佛法跟所有其他宗教、跟世間科學哲學截然不共的地方，那就是它導向的是智慧和解脫，解脫是智慧的結果，智慧是解脫的方法。

問：我們在生活之中怎樣做到當下的清涼？

答：當下坐下來，色不異空，空不異色，色即是空，空即是色。因為所有佔有體積、佔有空間、佔有時間的境界，就是色，對不對？色不異空，它就是空的。那怎麼來觀讓它空呢？緣起。那個人讓我不開心，那他怎麼讓我不開心了呢？因為他在老闆面前打了我一個小報告，然後呢？我在老闆面前開始失寵，我該得到的獎勵沒得到，該得到精神鼓勵也沒有，我開始不開心。你看有一個實實在在的他，有一個第三者，有一個方法，還有一個我。但自無求於萬物，你不求上司賞識你，但是你又十分盡分，盡職盡責，該做的都去做，你也不希望同事說你好話，你也就無欲則剛，是吧？自然的觀法如化，一切都是緣。就像剛才我們講過，衣領歸衣領，洗衣粉歸洗衣粉，水歸水，這個污歸污，塵土歸塵土，那還有染污這個現象出現嗎？

當下觀空，這就是正法的力量。所以我教大家，更多的不要用轉移法，念佛、念咒、念經都是轉移法，也不實用。當下歸空，僅僅因爲我們在這個時空下因爲某些資源、某些東西不能達到共識、共用，所以才產生了煩惱，那一旦錯開了，就不存在這些煩惱了。所以佛法就這麼直接有效。轉移法是很累已久了，念了已經十萬聲阿彌陀佛了，怎麼我的腦門也沒亮一點點？白頭髮也沒減少一點點？你就開始有怨，怨恨的怨。我香也燒了，頭也磕了，該病還是病，該死還得死，全都是怨。所以無所求，平常心是道，慢慢地以正法的力量、正觀的智慧來洞見諸法的因緣生、諸法的因緣滅。因、緣，有動機、有條件，有種子、有土壤、有光，有人，然後才有開花結果。如果只有種子，把種子放在岩石上，它能長出什麼呢？就是那麼簡單。

請大家跟我合掌
願消三障諸煩惱
願得智慧真明瞭
普願罪障悉消除
世世常行菩薩道
普願一切見者聞者聽者
遠離痛苦之因、痛苦之緣、痛苦之業
普願一切見者聞者聽者
建立解脫之因、解脫之緣、解脫之業
普願一切見者聞者聽者
快樂安詳得以解脫
願一切眾生
快樂安詳得以解脫
願一切眾生
快樂安詳得以解脫
願一切眾生
快樂安詳得以解脫

第九品

一相無相分

請大家合掌
南無本師釋迦牟尼佛
南無本師釋迦牟尼佛
南無本師釋迦牟尼佛
無上甚深微妙法
百千萬劫難遭遇
我今見聞得受持
願解如來真實意

「須菩提！於意云何？須陀洹能作是念：〈我得須陀洹果〉不？」須菩提言：「不也，世尊！何以故？須陀洹名為入流，而無所入，不入色聲香味觸法，是名須陀洹。」「須菩提！於意云何？斯陀含能作是念：〈我得斯陀含果〉不？」須菩提言：「不也，世尊！何以故？斯陀含名一往來，而實無往來，是名斯陀含。」「須菩提！於意云何？阿那含能作是念：〈我得阿那含果〉不？」須菩提言：「不也，世尊！何以故？阿那含名為不來，而實無不來，是名阿那含。」「須菩提！於意云何？阿羅漢能作是念，〈我得阿羅漢道〉不？」須菩提言：「不也，世尊！何以故？實無有法名阿羅漢。世尊！若阿羅漢作是念：〈我得阿羅漢道〉，即為著我人眾生壽者。世尊！佛說我得無諍三昧，人中最為第一，是第一離欲阿羅漢。世尊！我不作是念：〈我是離欲阿羅漢〉。世尊！我若作是念：〈我得阿羅漢道〉，世尊則不說須菩提是樂阿蘭那行者！以須菩提實無所行，而名須菩提是樂阿蘭那行。

「一相無相」，這跟我們說「實相無相」，境界有些差異。須菩提你怎麼樣想呢？

須陀洹，我們前面已經講到，佛教的五乘教法，第三個就是聲聞乘，聲聞乘依照苦、集、滅、道四聖諦法修行，然後出離了生死輪迴的煩惱，有四個果位，初果阿羅漢就叫須陀洹，二果阿羅漢叫斯陀含，三果阿羅漢叫阿那含，四果阿羅漢就叫做阿羅漢。阿羅漢的意思是殺賊、應供、無生三個意思，所以它不翻譯成漢語。這裏說的殺賊是指煩惱賊，是我們每個個體生命內心的煩惱之賊。

應供就是普通的世間的凡夫眾生，因爲缺少關於生命實相的智慧，所以就沉迷在生命的鏈鎖之中，不能自拔，被各種各樣的欲望所捆綁，被各種各樣的痛苦所壓迫，被各種各樣的煩惱所桎梏，這樣的一種狀態。

那麼怎樣才能出離這個狀態呢？要靠聖賢、靠老師。所以阿羅漢就成爲這些普通凡夫的老師。老師並不是生活在虛空中，而是生活在世間。所以在世間就得遵從世間的法則，要吃、要睡、要行走。因爲他已把他的身心都獻給了這種教育事業，所以應該由這些眾生來供養他日常生活起居所需用的東西。

因此佛教規定比丘、阿羅漢可以接受信徒們的四事供養，第一個叫飲食供養。人的飲食從形態上分固體的飲食、液體的飲食和氣體的飲食。即糧食、水和空氣。從特性上分，飲食分四類，第一個叫做段食。段是指分階段的飲食。第二個是觸食。然後第三個叫思食。高爾基曾說過書籍就是人類的精神食糧。你看很多憂鬱症患者一天不吃，妄想狂的患者一天不喝，蹲在那裏面把自己當個小蘑菇，蹲一天也沒問題，因爲他們的思達到了很專一的狀態。最根本的第四個叫識食，這個認識的識，完全靠禪定而食。

前兩年尼泊爾有一則新聞，一個十六歲小孩在加德滿都的一棵大榕樹下坐了六個月，不起於坐。說他是當代佛陀。後來被發現這只是一個炒作。但是我的師公虛雲老和尚，當年八國聯軍入京時，隨著慈禧太后光緒皇帝到了西安之後，不願意整天和王公貴人在一起，雖然這王宮貴人有錢，能幫助建個寺廟，但達官貴人的頤指氣使讓老和尚開始不耐煩了，於是跑到終南山去閉關。他原來的法號叫德清，到了終南山把名字改了，叫虛雲，虛空中的雲彩，讓大家找不到。他和另幾個人一起在這裏閉關，每個人蓋一個茅棚，種了三百六十五顆土豆（馬鈴薯），一天的飲食就是一顆土豆。把它煮熟了一吃，隨著打坐禪定的深入，飲食睡眠都會越來越少。有一天他把土豆煮上了，就打坐去了。這一打坐不知道過了多久，直到冬天下了大雪，其他幾個人說：完了，這一個冬天德清師兄肯定是給餓死了，沒被餓死也被虎狼吃了。

到了來年開春雪化時，他們走上去看他，他住的山上比山下要冷，雪還沒化，一看老虎和獅子正圍著他的茅棚轉圈呢。推門一看，老和尚還在打坐呢。我們都知道，讓修定的人出定，不能推，一推可能就把他推死了，也不能喊，一喊就可能會受到驚嚇，發狂了。如果有哪個金屬的引磬，就敲一下，或拿小木魚敲一下，聲音要很柔和。如果這些都沒有就在他耳邊彈指，這一彈指老和尚就出定了。啊？你們來了，我的土豆煮好了，咱們趕緊吃一個。他下地掀開鍋蓋，土豆早長毛了，他不知道他入定多久了！所以就是禪定爲食，完全是識食。外呼吸會停下，內呼吸、腹式呼吸也會停下來，最後只在心窩有一點點熱量，所以禪定功夫深，這是識食。

阿羅漢的飲食來自於老百姓，來自於普通的眾生，但是他的智慧來自於向佛陀修學，所以這是一個社會的分工。那麼佛教僧團又叫做福田僧，福田僧就是讓普通的眾生給這些修行人供養衣服、飲食、湯藥和臥具。以四事供養這些修道出家的人。

「須陀洹能作是念：〈我得須陀洹果〉不？」初果阿羅漢叫做「入流果」，「名為入流而無所入」。入什麼流呀？入上九流、下九流還是中九流？不在三教九流之中，俗話說一流佛祖，二流仙，三流皇帝，四流官。上九流的第一流是佛祖，所以須陀洹叫入聖者之流，叫做入流果。入聖者之流而無所入，不入色聲香味觸法，是名入流果。

清朝時候有一位臨濟宗的禪師，叫做密雲圓悟禪師，他生活在杭州這一帶，密雲圓悟和漢月法藏這兩師徒之間的辯論引起了雍正皇帝的參與，雍正皇帝特意做了《揀魔辨異錄》，然後以皇家的威力把漢月法藏這一系從禪宗中剷除出去，然後把它的書、經版都燒掉了。密雲圓悟禪師有一個很了不起的說法，有人問他儒家的經典，《大學》《四書》《五經》的道理，他的回答是：「聖人若知，即是凡夫，凡夫若知，即是聖人。」我們來跟這段對比，聖人若知道自己是聖人，他是什麼？他還認爲自己挺瀟灑，解脫，即是凡夫。而凡夫若知道自己的不足，知道自己的缺陷，然後改正它，即是聖人，所以這樣就是無所住，無所求，這個狀態，是名入流。

「斯陀含名一往來」，什麼叫做「一往來，而實無往來」呢？依據生死，入流果後要在人間中死生七次，才能最終證得阿羅漢。也就是證得了初果的，得了法眼淨的修行人還得再做七次人。然後到二果呢？叫做一來果，一來果他這一期死後去哪呢？有的直接轉生為人，有的死後直接上天。去的多是到第四層天，就是彌勒菩薩那個內院，兜率陀天，也就是彌勒菩薩的第四層天。它分內院與外院，外院就像我們的窗外，車水馬龍；內院就是我們安心地了解自己心的實相。然後他觀察因緣，因為他有天眼通，他會觀察因緣，知道什麼時候投胎做人，然後選擇一個好的出生環境，家人不會干預他出家修道，這樣叫做一來果。

「而實無往來」，大家想想這是真的假的？聽起來像天書。須菩提你怎麼想呢？那麼阿那含能不能作是念，認為自己得到阿那含果位呢？須菩提說：也不能。世尊：為什麼這樣說呢？「阿那含名為不來」，第三果阿羅漢也就不來了，也就是不來人間，但是他在哪住呀？在天上。依據佛法，天分二十八層，首先是欲界六層天，然後是色界十八層天，無色界四層天，這就叫做跳出三界外。

欲界六層天，第一層叫做四天王天，我們去漢傳的寺廟裏，一進山門就是四大天王：南方的托塔李天王，西方廣目天王、北方多聞天王、東方持國天王。四天王天在哪裡住呢？依據佛教的宇宙觀，倚須彌山的山頂而住。

第二層天叫做忉利天，傳說中玉皇大帝的所居天。忉利天本身東西南北各有八個天，中間的天宮叫做善法堂，門口有個因陀羅網。和現在的網際網路有些巧合。因陀羅網上光光互射，上面掛著無窮盡的寶珠，這個寶珠的顏色就是天空的顏色，是藍色。這些寶珠的顏色反映的是我們世間的顏色。佛教的科學觀、宇宙觀很有意思。

第五層天叫化樂天，第六層天叫做他化自在天，什麼叫他化自在天呢？就是魔王所居的天，他什麼都不幹，但是他需要什麼便會從別人那裏把它化來，有點像隔空取物。但是他的神通本領遠不止這些。那這六層天叫欲界六層天，它有生老病死，也有婚喪嫁娶，也有壽量。

天人要死時會有「五衰相現」：第一、天人頭上的花冠會枯萎，好像秋天被霜打過了一樣，不再那麼鮮豔了；第二、他腋窩下出臭汗，平時沒有這種氣味；第三、臨死時大家都會討厭他，不理他；第四、他不樂本座，他坐不住了，總是心裏發慌；第五、他內心很煩惱、擔憂、牽掛，死了上哪去呀？

依據宗教、一神教的說法，進了天堂就永爲天堂，但依據佛法天堂則只是一個臨時中轉站，就像新兵收容站而已。不合格是要退回去的。阿修羅、地獄、餓鬼、畜生、人、天轉來轉去，這就叫做六道輪迴。

關於因果、關於六道、關於輪迴是否存在？很多人學佛，都把這些問題當成一個根本性的問題，自己想不明白又沒有看到，人家說了，也不能相信，所以就妨礙了自己去更深入地了解佛法。就像吃一餐飯，有八菜一湯，其中三個菜是我所不喜歡的，那大家不妨不吃它。但是現代人的通病是，這一桌菜有一個菜不喜歡，就都不要了。現在人的認知被狹隘的眼、耳、鼻、舌、身、意的局限性給框住了，本來我們是有無窮盡的可能性的，因此無量無邊的宇宙，無量無邊的生命現象我們都認知不到，這就叫做「所知障」，所知道的障礙物。所以是不是有六道，是不是有因果？回頭再論。就像那八個菜裏面的三個，咱們先不吃這三個，好不好？

阿羅漢能作是念，我認爲自己得阿羅漢道了嗎？須菩提言說：不也，世尊！何以故？沒有一個實實在在的法叫做阿羅漢。世尊，如果阿羅漢這樣認爲說他已經得到阿羅漢道，怎麼樣呢？他內心裏已經有了我、人、眾生、壽者這四相。

阿羅漢還有另外一個名稱叫做「無生」。沒有生，大家想那不是生命也沒了嗎？如果在這個人間大家都證了阿羅漢，世間不是就沒人了嗎？對不對？大家會有這個問題吧？一定會，這是必然的。這個「無生」指的是不生煩惱，他不再生任何煩惱，所以所有證得阿羅漢的要離開這個人間的時候，都跟同修們、跟老師說共同的話：「所做已辦」，該做的已經辦理完了；「梵行已立」，清靜地解脫這些行動、行爲，我都已經做好了；「不受後有」，也就不再受後來生命束縛和輪迴推動；「長揖世間」，從此我跟這個輪迴的三界拜拜了。所以阿羅漢又叫做「無生」。如果一個阿羅漢還認爲他得了阿羅漢道，那麼他心裏面是有我、人、眾生、壽者四相的。

「佛說我得無諍三昧，人中最為第一，是第一離欲阿羅漢。」無諍三昧，「諍」字如果沒有言字邊，爭鬥就是戰爭，那有言字邊的是什麼？三昧叫做正受，三是正的意思，昧是昧耶的簡化，昧耶叫做受，正受。我們這個世間，釋迦牟尼佛，釋迦翻譯成漢語叫能仁，牟尼翻譯成漢語叫寂寞，能仁寂寞。能仁就是因爲我們這個世間大家都很兇惡，所以他用他仁慈的教法作爲名號；牟尼是寂寞的意思，寂寞什麼？因爲我們這個世間總是爭論、爭鬥。我們所有發生的戰爭都是因爲什麼？見，見解的見，看見的見，因爲見上有了問題，大家才爭來爭去。所以我們這個世界又叫做鬥爭堅固的世界，很難去解決這個問題，沒有辦法，誰都不可一世。所以說「無諍三昧」，這個人已經達到無諍三昧，自然就不再有人與我對立，也就無需要去爭。「人中最爲第一，是第一離欲阿羅漢。」

那麼佛又叫兩足尊。美國的一本佛教大字典中，解釋兩足尊是兩個腳長得特別圓滿漂亮的人。那麼佛教的兩足尊是什麼意思呢？就是福德和智慧兩個都圓滿了，叫兩足尊。法叫什麼？叫「離欲尊」，你看「第一離欲阿羅漢」，所以佛法是滅諍之法，佛法是無諍之法，佛法也是清靜無爲之法。那僧叫什麼？叫「眾中尊」。釋迦牟尼本身是迦毗羅衛城國的王子。他的武功、知識、技能、道德、學問可以說都是無上的，因此他一出家就證道成佛陀，同時也受到帝王們的尊崇。當時印度的諸侯國王中，以十六個大國王爲代表，都是釋迦牟尼的徒弟、學生。因此這樣的一個身分，佛陀把佛法、佛教就一起交託這些國王，來保護佛教。

因此在印度那個時代，一個出家的比丘，他一旦受了戒，不拜國王、不敬鬼神、不拜父母。但是這些三不拜，來到中國卻跟中華文化背道而馳，不拜王侯，「溥天之下，莫非王土；率土之濱，莫非王臣」。天下都是皇家的，你能不拜嗎？必須得拜。後來經過鬥爭、磨合，慢慢的，隋煬帝、唐太宗、唐玄宗這些皇帝都開始規定僧人可以上朝不拜。中國的佛教把一些民俗，融括在佛教裏面，才有中元節的超度餓鬼的法會，才有各種各樣的超度死人的法會，跟傳統的佛教基本上不太相關，完全是來自於中國的民俗。

出家人不拜父母，有沒有人做到呢？實際上受了比丘戒之後是不拜父母的，原因何在呢？這裏說了僧人叫「眾中尊」，以他的道德和智慧足以爲帝王之師，那麼這樣一個老師，如果他要給別人拜，會讓那個人的福報損折太多的，所以我們拜菩薩沒問題，相反讓菩薩拜我們，就會讓我們少幾年的壽命。很多人不知道這個道理何在，有德者拜我們，我們會覺得內心有愧，相反我們無德，我們無智，拜這些老師是不是理所當然呀？所以僧人叫「眾中尊」。這個道理一點都不迷信，也沒有強權。

佛陀非常非常的慈悲，爲每個人都想到了，但是我們還是不容易接受，在晉朝時也有《沙門不敬王者論》，由和尚們來撰述。但是儒家說：「身體髮膚受之父母」，「不孝有三，無後爲大」，「父母在，不遠遊，遊必有方」等等。剔除鬚髮、剔除鬍鬚這就是不孝，又不結婚，獨身又是不孝，那時候的攻擊眞的是抓到核心和骨子裏去了，很厲害。現在最多會說：這些和尚不勞而獲、迷信、混不下去了，最多就這三句。很少有人從哲學上、從法理上、從智慧層面上去批評佛教。

「世尊！我不作是念：〈我是離欲阿羅漢〉。世尊則不說須菩提是樂阿蘭那行者！」世尊我沒有這樣想，我已經是離欲阿羅漢了，如果說我要認爲我得阿羅漢道，那麼世尊您不會說須菩提是很歡喜、很願意行阿蘭那行。阿蘭那叫寂靜，我們的寺廟實際上就叫做阿蘭若，這個「那」也有時候寫成「若」，若來若去，若即若離的若。阿蘭若叫寂靜處，寂靜處就是僧人的住處。那麼樂於在這個寂靜處來做行者的人中，武松是不是一個行者？豬八戒是不是一個行者？孫悟空是不是一個行者？行者悟空、行者八戒、行者悟淨。林沖不是，但武松是，那魯智深已經是和尚了。

那麼須菩提他爲什麼叫做解空第一呢？有一次佛陀到忉利天給他的母親說法，因爲佛陀出生七天時他的媽媽就去世了，他的姨母把他帶大。等到佛陀成佛了，他非常想念媽媽，然後就到天上給母親說法三個月。三個月一回來，人間的弟子們就迎接。其中有一個蓮花色比丘尼是女眾裏面的神通第一，她第一個跑到佛陀那裏，跟他說：世尊，我可是第一個來迎接你了，你應該獎勵獎勵我。結果你猜世尊怎麼說？錯，這個須菩提才是第一個迎接我的人。哎，不對呀？我明明是第一個跑到你跟前來，給你頂禮了，接了你的鉢，怎麼是他呢？佛陀說：見緣起即見法，見法即見佛。

見到緣起就見到了法，見到了法就見到了佛。我這個色身，在這個世間，就像一個車一樣，跑久了也會衰朽。有生必有滅，這個自然法則，我這個色身也無法去避免的。

但是緣起是放在哪裡都存在的，因此你們應該是見緣起、見法，而不是見這個。相反須菩提在山洞中冥坐，思維緣起的法意，見到了緣起性空的道理，所以他才是第一個見佛的。弘一法師臨走的時候說：「君子之交，其淡如水。執員相而求，咫尺千里。問余何適？廓爾亡言。花枝春滿，天心月圓。」也是這個道理。「以須菩提實無所行」，他什麼都沒做，「而名須菩提是樂阿蘭那行」。

請大家跟我合掌
願消三障諸煩惱
願得智慧真明瞭
普願罪障悉消除
世世常行菩薩道
普願一切見者聞者聽者
遠離痛苦之因、痛苦之緣、痛苦之業
普願一切見者聞者聽者
建立解脫之因、解脫之緣、解脫之業
普願一切見者聞者聽者

快樂安詳得以解脫
願一切眾生
快樂安詳得以解脫
願一切眾生
快樂安詳得以解脫
願一切眾生
快樂安詳得以解脫

第十品

莊嚴淨土分

請大家合掌
南無本師釋迦牟尼佛
南無本師釋迦牟尼佛
南無本師釋迦牟尼佛
無上甚深微妙法
百千萬劫難遭遇
我今見聞得受持
願解如來真實意

佛告須菩提：「於意云何？如來昔在燃燈佛所，於法有所得不？」「不也，世尊！如來在燃燈佛所，於法實無所得。」「須菩提！於意云何？菩薩莊嚴佛土不？」「不也，世尊！何以故？莊嚴佛土者，即非莊嚴，是名莊嚴。」「是故須菩提！諸菩薩摩訶薩應如是生清淨心，不應住色生心，不應住聲香味觸法生心，應無所住而生其心。須菩提！譬如有人，身如須彌山王，於意云何？是身為大不？」須菩提言：「甚大，世尊！何以故？佛說非身，是名大身。」

如果說前邊講的是空性、智慧、福德，那這裏「莊嚴淨土分」講的是什麼？事功。所以佛教中經常造一些廟，叫做「莊嚴國土，利樂有情」。佛教大概是世界上第一個宣導環保的宗教組織，整個峨嵋山就是一個和尚誦《法華經》八萬多字，一個字栽一棵竹子，慢慢發展起來的。

佛告須菩提：你怎麼樣想呢？如來過去在燃燈佛前有沒有得到什麼法呢？「不也，世尊。」如果按照我的理解，「如來在燃燈佛所，於法實無所得。」

《六祖壇經》中說六祖二十四歲時從廣東跑到湖北來，跟五祖來求法，然後他得了法之後，五祖把衣缽傳給他，五祖連夜搖著小船把他送下山，爲什麼讓他跑呢？因爲五祖身邊還有一千多個徒眾，其中以神秀大師爲教授師，是眾人中的首座弟子，但是五祖並沒有把法傳給他，反而傳給這個廣東小夥子，五祖擔心大家害他，放他跑了。其中有一個將軍出身叫惠明的，很不甘心，就去追六祖，六祖一看跑不掉了，就把袈裟、缽往石頭上一擱，藏到樹叢裏面不出來。惠明練武出身，卻怎麼也拿不起來這件袈裟，一件袈裟才有多重呀？卻拿不動，惠明便明白師父把法傳給這個小夥子一定有他的道理。便趕緊說：行者行者，你出來吧，我是爲法而來，不是爲衣而來。六祖出來了，惠明說：怎麼你就得了法了呢？我在五祖身邊學了十幾年，也得到神秀師兄的教導，但是我還不明白法是什麼，請你告訴我。六祖說：你眞的要學法嗎？好。不思惡，不思善。這個時候哪個是你惠明的本來面目呀？惠明明白了，當下即是，這顆心不思善不思惡，超越善惡這個狀態，清靜污染，一切皆知，而又一切不知的狀態，就是我們心的本來面目。

叫他佛就是佛，叫他是上帝就是上帝，叫他至眞、至善、至美，就叫至眞、至善、至美，叫它道也可以。所以「道可道，非常道，名可名，非常名」都是這一個道理。

然而就這樣就是法了嗎？惠明不相信，他想知道還有更多的祕密嗎？六祖說「密在汝邊」，密在你那裏不在我這裏，你若識得本心，知道你的本心，認知了、體證了，密就在你那裏，不在我這裏。

「於法有所得不？」現在我們有一種說法叫得一個祕法，比如一個什麼經，念上多少遍就會如何如何。很多人相信，爲什麼？因爲這能極大地滿足人的投機取巧、不勞而獲之心，就是滿足了人的貪心，什麼都不幹，什麼都不付出，卻最大地獲得了。純淨的佛法一旦被這樣的貪欲所驅動、所利用的時候，就變得這樣的烏煙瘴氣，很可怕也很可憐，更加可悲。所以問：「於法有所得不？」回答是沒有，如果按照我的理解佛陀在燃燈佛前是沒有法所得的。

「須菩提！於意云何？菩薩莊嚴佛土不？」「不也，世尊！何以故？莊嚴佛土者，即非莊嚴，是名莊嚴。」須菩提，那又怎麼樣說呢？菩薩莊嚴佛土不？沒有了，世尊，爲什麼？「莊嚴佛土者，即非莊嚴，是名莊嚴。」莊嚴佛土者，有沒有這件事眞實地存在著？有，但是即非莊嚴，應該就是用過即怎麼樣？即了。用過即了，但是爲了繼續激發別人的善心、善行，是名莊嚴，這一點很有意思。假如每個人都積陰德，做了善事都不留名、不留聲，不是就好了嗎？可是大家有幾個人會跟著學習做善事呢？所以有些善事一定要留名，留了名別人才知道學。

比如李嘉誠先生又捐了一個社會慈善事業，比爾•蓋茨又做了一個什麼慈善基金組織，他們都做了，那我們也去做。這就是莊嚴佛土者，即非莊嚴，是名莊嚴。我們每個當事人不應該爲這個莊嚴而去做，不爲了留名，不爲了留聲，但是作爲其他的人，這個社會、群體、群眾，應該怎麼樣？向他學習，所以是名莊嚴，非常有意思，空和有都不拘持。該用空的時候，就非莊嚴；該用有的時候，就怎麼樣？是名莊嚴。很多人在這裏面搞不清楚，以爲他是一個矛盾、悖論，其實不是這樣，因爲空和有是高度的融合。

「是故須菩提！諸菩薩摩訶薩應如是生清淨心」，不是一個菩薩摩訶薩，諸，也就是所有的，各種各樣的，菩薩摩訶薩。摩訶薩就是大的意思，大菩薩叫做菩薩摩訶薩。「應如是生清淨心」，就應該這樣的生清淨心。從第四品到第十品才有一個答案，是不是？說福德即非福德性，是名福德，可以三十二相，怎麼樣？佛說大身即非大身，是名大身，莊嚴佛陀即非莊嚴，是名莊嚴，到現在才告訴我們應如是生清淨心。什麼是清淨心呀？不應住色生心，看得見的，佔有空間、佔有體積、佔有形象的，不應住聲、不應住香、不應住味、不應住觸、不應住法生心。那問題來了，應該怎麼樣？無所住而生其心。

在佛學院，曾舉辦過這樣一個講經比賽，大家討論：既然是無所住了，就不再生其心了，無所住而又生其心，生其心而無所住，這就是說道在通流。法輪的意思源自於印度遠古的傳說，佛教分金輪聖王、銀輪聖王、銅輪聖王、鐵輪聖王。每個聖王都有一個輪子，可用此降伏敵人，比如說周邊要有反叛了，他不需要派兵，這個輪子像哪吒那個金剛圈似的，過去就已經把敵人的首級取掉了，回來就擱到這裏了。所以《西遊記》、《封神榜》裏面好多情節都源自於佛教的這些東西，最初出處都在佛教。這個輪子是推動和降伏之意，他要推動然後又能降伏，降伏那些反叛者。

「應無所住而生其心」，慢慢體會一下，在你打坐的時候來用它才是眞的用。在生活中用，已經很難，在打坐中用，難上加難，因爲大家把打坐當成很神聖、很神祕、很深奧的一件事情，不知道它其實就那麼簡單，你坐在這裏，無所住，你別說我是爲了打坐，也別說我爲了熄滅煩惱，也別說我爲了成佛、成阿羅漢，都不需要。無所住，但是生其心，讓你的心專注在一個念頭上。不思善，不思惡，哪個是你本來的面目，無所住而生其心。坐著坐著生起一個妄念，哎呀，我餓了，怎麼辦呢？別去慚愧，別去沮喪，無所住。知道我的念頭已經跑到吃飯上了，跑到饑餓上，而不在我的禪修上，放下即是了，無所住，又生起一個正念，觀察你心念的起伏，就這麼簡單。

須菩提，比如有人，這個人身像喜馬拉雅山那麼高，在你怎麼想的呢？這個身夠不夠大？須菩提說：當然夠大。世尊，爲什麼這樣說？「佛說非身，是名大身」，跟剛才那三句「莊嚴佛土者，即非莊嚴，是名莊嚴」，這裏是從反面說，佛說非身，是名大身，應該按照前面的句式，怎麼樣？「佛說大身，即是非身，是名大身」，這樣說。

《金剛經》有幾個關鍵的地方，這個「應無所住，而生其心」是一個關鍵的地方。我們前面講第五品中也是，「凡所有相，皆是虛妄。若見諸相非相，即見如來」。這兩個點眼是整個《金剛經》的精華，你可以把這兩句記下來當成咒語來念，包治百病。比如剛跟人吵架了：若見吵架，即非吵架，是名吵架，凡是吵架皆是虛妄，若不吵架即是實相。即是非恨，是名爲恨。馬上就應用了。生活中的佛法才是屬於我們的，書本上的

白紙黑字是誰的？是佛的，不是我們的，對不對？把它融會貫通於生命乃至血液和呼吸之中的佛法，才是屬於我們的。

請大家跟我合掌
願消三障諸煩惱
願得智慧真明瞭
普願罪障悉消除
世世常行菩薩道
普願一切見者聞者聽者
遠離痛苦之因、痛苦之緣、痛苦之業
普願一切見者聞者聽者
建立解脫之因、解脫之緣、解脫之業
普願一切見者聞者聽者
快樂安詳得以解脫
願一切眾生
快樂安詳得以解脫

願一切眾生
快樂安詳得以解脫
願一切眾生
快樂安詳得以解脫

第十一品

無為福勝分

請大家合掌
南無本師釋迦牟尼佛
南無本師釋迦牟尼佛
南無本師釋迦牟尼佛
無上甚深微妙法
百千萬劫難遭遇
我今見聞得受持
願解如來真實意

「須菩提！如恒河中所有沙數，如是沙等恒河，於意云何？是諸恒河沙寧為多不？」須菩提言：「甚多，世尊！但諸恒河尚多無數，何況其沙。」「須菩提！我今實言告汝：若有善男子、善女人，以七寶滿爾所恒河沙數三千大千世界，以用佈施，得福多不？」須菩提言：「甚多，世尊！」佛告須菩提：「若善男子、善女人，於此經中，乃至受持四句偈等，為他人說，而此福德勝前福德。」

「無爲福勝分」分得也很好，無爲福是不是最殊勝？有爲的福怎麼樣？是可以計量的。所以有爲的福是可以用時間，用速度，用算術計算出來的，但是無爲相當於無窮大。有爲是有限，無爲是無限。既然是無限，就沒有邊際，算術、譬喻所不能知。心如果能夠隨時安住在無爲法中，當下佛法就現成了，當下、眼前，佛法的一切就已經解決了，不需要死後，不需要剃頭，不需要吃素，不需要拿個念珠把自己裝扮得像個修行人那樣。

「須菩提！如恒河中所有沙數，如是沙等恒河，於意云何？」大家可能知道，恒河的沙白白的，特別細，你在水裏撈出來了順著就流下去了。恒河中的沙子和像沙子那麼多的恒河，夠不夠多？夠多，那麼按照須菩提你的意思，「是諸恒河沙寧為多不？」不只是一條恒河沙，是那麼多那麼多的恒河沙，夠不夠多？須菩提說：甚多，世尊。「但諸恒河尚多無數，何況其沙。」像這樣的河尚多無數，何況其沙呢？

「須菩提，我今實言告汝」，我給你坦白地說，如果有善男子、善女人，金、銀、琉璃、玻璃、硨磲、赤珠、瑪瑙七寶，裝滿了恒河沙數那麼多的三千大千世界。世界，世是時間，界是空間，所以時間與空間融爲一體叫做世界，那麼時間和空間是如何融爲一體的？我們留著講《楞嚴經》的時候再說。時間和空間它們兩個是怎麼打結的，它們又是如何跟我們的心的認知打結的？很有意思。有個時間，有個空間，想想看沒有生命，這個時間空間是不是死的？雖有猶無。只有有了生命，這些生命能認知它，這個時間和空間才是活的，對不對？非常有意思。我看學過矩陣、學過線性代數的，大概能算出時間、空間，再加上過去、現在、未來三世，再加上過去的、空間的上下左右東西南北十方，然後每一方又有一個過去、現在、未來，沒有高度想像力眞的想不出來，這就是佛教的世界。宇宙、無常，生命、變化，這些詞全部來自於佛教，包括人們使用的單位，也來自佛教，並且是來自禪宗。

拿這麼多的七寶以用佈施，得福夠不夠多啊？須菩提說：甚多，世尊。佛告須菩提：如果有善男子，善女人，能夠在此《金剛經》中乃至接受，持之四句偈等，並且能夠爲他人演說，「而此福德勝前福德」。也就是前面這個人拿恒河沙數的世界七寶，恒河尚且無數，何況其沙，拿那麼多世界七寶，以用佈施，遍滿三千大千世界，幫助別人服務社會，做慈善、做志工，但是這功德跟有人拿這個《金剛經》四句偈抄誦，爲別人解說相比，其福德勝前福德。所以是福德，即非福德性，是名福德，福德還不夠，若人「於此章句能生信心，以此爲實，當知是人不於一佛二佛三四五佛而種善根，已於無量千萬佛所種諸善根」。所以以此爲實，常生信心。

這就是《金剛經》，非常有意思。有一類注解《金剛經》，認爲《金剛經》純粹是講空的，這是一個不太圓滿的見解。它是「空」「有」都不立，強調的是般若、中道、空性、智慧，強調的是關於空的智慧，而不是空。

請大家跟我合掌
願消三障諸煩惱
願得智慧真明瞭
普願罪障悉消除
世世常行菩薩道
普願一切見者聞者聽者

遠離痛苦之因、痛苦之緣、痛苦之業
普願一切見者聞者聽者
建立解脫之因、解脫之緣、解脫之業
普願一切見者聞者聽者
快樂安詳得以解脫
願一切眾生
快樂安詳得以解脫
願一切眾生
快樂安詳得以解脫
願一切眾生
快樂安詳得以解脫

第十二品

尊重正教分

請大家合掌
南無本師釋迦牟尼佛
南無本師釋迦牟尼佛
南無本師釋迦牟尼佛
無上甚深微妙法
百千萬劫難遭遇
我今見聞得受持
願解如來真實意

「復次，須菩提！隨說是經，乃至四句偈等，當知此處，一切世間、天人、阿修羅，皆應供養，如佛塔廟，何況有人盡能受持讀誦。須菩提！當知是人成就最上第一稀有之法，若是經典所在之處，則為有佛，若尊重弟子。」

一般佛經講到這個地方，尊重正教分，按照天臺宗隋朝隋煬帝的好朋友智者大師的見解，他把佛教四十九年講的經典彙集為「五時八教」，分的就是五時，每一部經典就分了序分、正分和流通分。這個尊重正教分相當於流通分，就是快要結尾了，等於《金剛經》到這兒快結尾了。

「復次」，再一次，須菩提，「隨說是經」，隨便跟別人說，也就是你沒有所求，沒有預設，沒有會所、聽眾，沒有預期時間，隨便拿出四句偈來；「當知此處」，這個地方，「一切世間、天人、阿修羅，皆應供養，如佛塔廟」，「經典所在之處，則為有佛，若尊重弟子」。大家想想看，佛法有沒有宗教的成分？絕對有。所以導致了大量的佛教徒的出現，自己不認字，把經印得好，印得漂亮，擱那兒幹嘛？供著。

「一切世間、天人、阿修羅」，有時候佛教分類，叫六道輪迴又叫五道輪迴，因爲天人中有阿修羅，人中有阿修羅，畜生中有阿修羅，鬼道中也有阿修羅，阿修羅是什麼意思？是刀子嘴、豆腐心，三句話沒有明白就開始吵架的那種。大家想想看我們世間有沒有這樣的阿修羅，是不是很多？我們每個人每天都有做阿修羅的時候。

請大家跟我合掌
願消三障諸煩惱
願得智慧真明瞭
普願罪障悉消除
世世常行菩薩道
普願一切見者聞者聽者
遠離痛苦之因、痛苦之緣、痛苦之業
普願一切見者聞者聽者
建立解脫之因、解脫之緣、解脫之業
普願一切見者聞者聽者
快樂安詳得以解脫

願一切眾生
快樂安詳得以解脫
願一切眾生
快樂安詳得以解脫
願一切眾生
快樂安詳得以解脫

第十三品

如法受持分

請大家合掌
南無本師釋迦牟尼佛
南無本師釋迦牟尼佛
南無本師釋迦牟尼佛
無上甚深微妙法
百千萬劫難遭遇
我今見聞得受持
願解如來真實意

爾時，須菩提白佛言：「世尊！當何名此經，我等云何奉持？」佛告須菩提：「是經名為金剛般若波羅蜜，以是名字，汝當奉持！所以者何？須菩提！佛說般若波羅蜜，即非般若波羅蜜，是名般若波羅蜜。須菩提！於意云何？如來有所說法不？」須菩提白佛言：「世尊！如來無所說。」「須菩提！於意云何？三千大千世界所有微塵，是為多不？」須菩提言：「甚多，世尊！」「須菩提！諸微塵，如來說非微塵，是名微塵。如來說世界，非世界，是名世界。須菩提！於意云何？可以三十二相見如來不？」「不也，世尊！不可以三十二相得見如來。何以故？如來說三十二相，即是非相，是名三十二相。」「須菩提！若有善男子、善女人，以恒河沙等身命佈施；若復有人，於此經中乃至受持四句偈等，為他人說，其福甚多。」

這一品跟上一品，實際上就是流通分，結尾的意思。「爾時」，我們在開篇已經講了，不是我們一時。爾時須菩提即從座中怎麼樣？而起，偏袒右肩右膝著地，看看佛說得差不多了，按照一般的教學，一般問答到這個程度就該結束了。「須菩提白佛言」，世尊，那麼這個經該叫什麼名字呢？我們應該怎樣按照這個經的指導來修學呢？佛告訴須菩提，這個經可以叫做「金剛般若波羅蜜」，金剛能斷一切，而不被一切所斷，堅硬之意；般若波羅蜜，靠大智慧從煩惱的此岸到達解脫的彼岸，形容這種智慧像金剛一樣的堅硬。以是名字，那麼你應該這樣來奉持。「所以者何」，為什麼這樣子呢？須菩提，我說有一個用智慧到彼岸的方法，即非智慧到彼岸，是名智慧到彼岸。整個《金剛經》實際上橫說豎說、黑說白說、正說反說，只在講一件事，一件什麼事？般若波羅蜜，智慧到彼岸。但是又這樣告訴你說，佛說智慧到彼岸即非智慧到彼岸，是名智慧到彼岸。

須菩提，什麼意思啊？如來有所說法不？須菩提白佛言：世尊，如來沒有說什麼。須菩提，三千大千世界所有微塵，夠不夠多啊？不要說三千大千世界，咱們北京的微塵就有多少？沙塵暴一來的時候，撲天蓋地這個微塵能數得出來嗎？那麼佛教有一個論叫《俱捨論》，「捨」是都捨棄的意思。它對於物質的分類，要分成七份，我們肉眼看得見的最小的微粒，再把它分成七份，就是微塵。看不見摸不著了的，開始要產生核變了，還要分成七份。但是在顯微鏡下能看到。須菩提說：夠多啊！世尊。須菩提，如來說即非微塵只是叫做微塵而已！

不知道大家讀沒讀過《華嚴經》？它是唐朝時李通玄長者撰寫的。這位長者是皇族王子出身，本來想跟哥哥爭皇位，後來失敗了，因擔心哥哥害他，就出家了，後來撰寫了《華嚴經》。他寫過一首詩，有幾句是這樣的：「十世古今，始終不移於當念。無邊剎境，自他不隔於毫端。」

十世古今：過去、現在、未來，對不對？十世古今始終不離當念，叫無邊剎境，自他不隔於毫端。自己和他人不隔於毫端，我這兒若染個傳染病，這屋裏誰跑得掉？有隔嗎？沒隔！我若現在痛苦了，誰還能歡喜？一人向隅滿座皆悲呀！是不是這個道理？所以佛教有一個修行方法，當我們不能原諒別人錯誤的時候，當我們被別人的誤解傷害得很深的時候，叫自他交換的禪修法。坐在這裏，我不再是明奘，我是那個傷害我的人，一想到是我自己傷害我自己，痛苦馬上就沒有了。這跟阿Q精神有所不同，阿Q是說被人打了，嘴上雖然討句便宜，但是煩惱還在，但禪者卻是眞的讓煩惱消失了，把它解決掉了。這就是自他交換的禪修法。

「如來說非微塵，是名微塵。如來說世界，非世界，是名世界。」微塵形容其小，世界形容其大，那麼大家想想看，大小是一還是二？《華嚴經》中叫做「大小不二，念劫圓融」，念，形容時間之短，劫，形容時間之長。念劫圓融，大小不二。一和多，一是少，多是怎麼樣？一多一體。主伴圓融，我是主，各位是伴，但是任何一個人開口說話，他又是主，我們又是伴，所有人的主伴圓融，一多無礙，所以這是個緣起觀眞的通透。所有的辯證法，都比不上《華嚴經》的境界。所以說世界即「是非世界，是名世界」。

須菩提，「可以三十二相見如來不？」世尊，不能用三十二相得見如來。爲什麼這樣說呢？如來說三十二相即是非相，是名三十二相。那佛陀有時候他也不現這個慈悲相。有一次有個小鬼王，他很淘氣，經常讓老百姓不得安寧，夜裏嚇唬小孩子。佛陀派弟子去跟他講法，他不聽。佛陀便想了一個辦法，把自己變成一個更大的鬼王，往這兒一走，這個小鬼王一看，哇！他比我還大，趕緊低頭俯首稱臣。然後說：「你怎麼這麼厲害？」佛陀說：「我是跟人家學習的。」小鬼王說：「你能不能教我？」佛陀說：「可以，那你盤下腿兒來跟我一起學。」兩個人一盤腿兒，佛陀就教他慈心三昧修慈心觀，一會兒這個大鬼王變成了佛陀那個滿月相，小鬼變成一個小的月亮相，放下了殺心和淘氣。所以佛陀有時候不現三十二大丈夫相，而現鬼相、凶相。那麼在這點上，藏傳佛教又有它極大的殊勝之處。講到人臨死時有一百尊神，一百尊神中只有四十二位顯現的是菩薩慈眉善目的，五十八位則是憤怒的。

須菩提，如果有善男子善女人，以恒河沙的身命佈施，這樣的佈施，功德夠大吧？夠大！但是如果又有人，能夠在此經中乃至受持四句偈等，去爲他人說，其福更多。這裏關乎一個問題，爲什麼拿那麼多恒河沙一樣的七寶佈施，又拿身命佈施，反而他的福德不如有人拿個四句偈講給別人或者自己受持讀誦書寫的福德多呢？它的道理何在呢？因爲所有看得見摸得著的那個善法，它是一個有爲法，有爲法它遵從一個什麼法則？是無常生滅法則。好比說咱們捐建一個大樓，這個大樓依據水泥的壽命，能存在七十年，

對不對？生滅法，那七十年之後呢？沒人記得它。但如果一個人，比如蔡元培先生，儘管他去世很多年了，可他的德風、智慧、校風，大家還能夠如沐春風般感知得到，這就是道。所以一個是有為，遵從生滅無常法則，一個是無為，不隨時間而變化，不隨環境而變化。

那我們以四句偈《金剛經》能夠讓每一個個體修為的人，從煩惱的此岸到達解脫的彼岸，成為一個聖賢。這個世間是造善的人多，造智慧的人少。是不是？所以應該有更多的人來修這個智慧，智慧多了，行善的人就會更多。這個世間，當一個人從跟人的爭鬥中解脫出來，在他的眼裏這個世界就已經解脫了，別人可能還痛苦，還在跟人爭鬥，他便可以幫別人一起解脫。只要有一盞燈亮，依據薪火相傳的自然法則，有了第一盞燈就一定有第二盞燈，有了第二盞燈就一定有光明一樣的海洋，是不是這個道理？就不擔心第二盞燈亮不亮的問題。

所以佛法非常的達觀，不存在這樣的說法：哎呀！會不會永恆？佛教一時的衰敗無所謂，為什麼？法而如是，不是佛陀讓它如是，也不是上帝創造它如是，是法本來就如是。每個個體生命，當他的物質生活得到保障，當他的人生價值得到兌現的時候，他必然要關注生命的終極價值與意味，佛法解決了終極的生命價值與意味問題，這是一個必然的過程。佛法從來不用擔心沒有信眾的問題，也從來不用擔心被人誤解的問題，水到渠成，到那個時節因緣瓜熟蒂落，是自然而然的，非常的恬淡。有人來，就一杯清茶，無人來還是一杯清茶，人多了「阿彌陀佛」，人少了還是「阿彌陀佛」。

❖明奘開示

問：「須菩提！若有善男子、善女人，初日分以恒河沙等身佈施」，然後是中日分，然後是後日分，爲什麼要說這個三時分？以恒河沙等身佈施，這裏是不是存在一個可以根據佛經來觀想的問題？

答：初日分、中日分、後日分，這是印度和中國的時間差異。中國是十二個時辰：子、丑、寅、卯、辰、巳、午、未、申、酉、戌、亥，一個時辰兩個小時。在印度叫六時，日三時，夜三時，初日分、中日分、後日分，初夜分、中夜分、後夜分，一個時是四個小時，所以這是時間的界定而已。至於說以恒河沙等身佈施，那麼剛才回答問題也差不多了，大概《金剛經》關於福德、功德，關於這個持經功德比那些以恒河沙數而佈施的，大概提到八處，很少有經典會這樣來講這個經的功德，特別有意思。它純粹講的是空性、智慧到彼岸，卻完全是從福德性、從功德等方面詮釋得更多，理和事的不二，性和相的合合。我們在講第十四品、第十五品、第十七品的時候，會慢慢講到這些的。

問：佛教是第一個沒有神而是崇拜人的宗教，這種說法對嗎？該怎麼解釋？

答：佛教承認有神，但是神不是主宰。這跟有神論、無神論都不一樣。佛教承認有神論，但是神不是這個生命和世界的主宰，這是佛教跟其他宗教的最大差別。其他宗教中神是主宰，佛教中神只是六道之一。崇拜人的宗教，佛在僧數，所以他吃飯時跟著僧人一起托缽去，對不對？他沒有作威作福，把自己裝扮成一個頂尖級的活佛，要求別人怎麼樣。佛陀在僧數，有一個老比丘病了，眼睛不好用，自己縫衣服縫不來，那別人都不幫忙，佛陀去幫他縫衣服。還有一個老比丘得了痢疾、癱瘓，沒人去照顧他，佛陀去給他擦身體。這就是佛陀，他也不崇拜人。佛陀是在人中成佛，是一個人，人中的覺者。所以你的這種說法都錯。

問：「應無所住而生其心」，那個生心是生的什麼心呢？是生阿耨多羅三藐三菩提心，還是就像我們坐禪那樣什麼都不想？

答：阿耨多羅三藐三菩提心包括了坐禪的心，還包括了什麼都不想心，也包括了不住色、不住聲、不住香、不住味、不住觸、不住法生其心，阿耨多羅三藐三菩提心是上求佛道的心，無上正等正覺心，而所有的法，終極一點，都是無上正等正覺。

問：我們現在學習佛法，然後要去領悟佛法，那這本身算不算是對佛法的一種執著呢？

答：你不執能放得下嗎？一個乞丐兜裏只有三分錢，跟大家說：「我是最不愛錢的人！」大家說他是眞話是假話？可信還是不可信？但假如一個有錢的人說：「我覺得錢對我只是個身外物，我放得下了。」大家相信他說眞話還是假話？所以只有執過了再放才是眞的放。釋迦牟尼現身說法，因爲他什麼都經歷了。但是又有一類極端分子說：「何須待零落，然後始知空。」我們認爲只有春花經歷過夏天的嬌豔，到了秋風一來，那種殘敗零落成泥，才是零落、才是殘敗，那就是後知後覺。也有極少數人是先知先覺，不必待花的零落，看到花一開就知道必然是萎墜成泥，這樣的眞信有沒有？誰？

弘一法師不是，他什麼都幹過。一會兒搞個篆刻、一會兒搞個油畫，在日本還成立「春柳劇社」，男扮女裝演過話劇，所以他是經歷過的人。五代時候有個清涼文益禪師，南唐中主李煜很喜歡他，讓他還俗跟他治理這個國家，但是這個文益禪師不喜歡，就做了一首詩，說：「擁毳對芳叢，由來趣不同。」毳是什麼？細的鹿皮。春晚是不是還有點春寒呀？到晚上，「擁毳對芳叢，由來趣不同」，你是爲官的、爲帝的，我是爲僧的。「髮從今日白，花是去年紅」，去年的花也像今年這麼紅，但是我的白髮是從今日白的，「豔冶隨朝露，馨香逐晚風」，「豔冶」，朝露一來、太陽一出，嬌豔無比。那些美豔的花朵被晚風一吹，香氣撲鼻；「何須待零落，然後始知空」，做此詩以言志。所以李煜一看，知道此人不可勸，賜他封號叫做——「清涼文益大法眼禪師」。

問：「福德」和「功德」主要區別在哪些方面？

答：如果用一個最簡單的概括，什麼叫做福德？什麼叫做功德？就是有漏和無漏。有漏的意思是你還要漏到生死輪迴中，無漏就是成爲阿羅漢，不來人間了，這就是無漏功德，有漏善法。在這方面梁武帝和達摩的對答是最有代表性的：「南朝四百八十寺，多少樓臺煙雨中。」梁武帝一生建寺助僧無數，以爲自己有無量的功德，包括現在漢族的和尚吃素，都是梁武帝的功勞，他率先吃素，然後從經典裏邊摘經論據並撰文來說明吃素好，還先後三次捨身到金陵。還規定宮裏吃素，並下三道聖旨，要求一年中三個月禁屠：正月、四月和九月。梁武帝以爲功德不少了，但達摩祖師卻說：「並無功德。」梁武帝問爲什麼沒有功德？達摩祖師說：「你是但求有漏人天小福，眞正的功德應從內心中求，你不在內心上下功夫，在這些有漏的形象上去下功夫，所以說沒有功德。」達摩祖師早就看到他的問題，因此梁武帝最後怎麼死的？他是餓死的。一個推廣吃素的人、一個做了《梁皇寶懺》的人、一個對佛教做了這麼大的改制、這麼有創造性的人卻是餓死的，可見因果不可饒恕。

問：請解釋「十法界」的含義，是否是無數個類似地球的載體，僅僅是緯度與空間的不同呢？例如人類是三維空間，天人緯度更高，卻共存一個地球？

答：十法界叫四聖六凡法界。從最高處說：佛法界、菩薩法界、緣覺法界、羅漢法界，這是四聖法界，超越了生死輪迴。然後是六凡法界：天人法界、修羅法界、人法界、餓鬼法界、畜生法界和地獄法界。實際上一念具足十法界，只有這樣的十法界，具足一念心之間，我們的修行才能夠有落腳點。如果說佛法界在西方、在天上，跟我們的生命毫不相干，這樣的話不信也罷，它一定是跟我們息息相關的。那麼如何又是一念地獄法界呢？無法控制的憤怒，「力拔山兮氣蓋世，時不利兮騅不逝。騅不逝兮可奈何？虞兮虞兮奈若何？」那個時候是什麼呀？嗔恨，就是地獄法界。相反一念的慈眉善目，不用爲衣食著想，也不用爲寒暑著想，喝喝茶、吹吹風、談談天，是不是天人法界？

在我們的生命中，共用、共存、共在。十法界在這一個地方，在這一個空間裏邊，就在我們眼前的房間裏邊，佛法界也有，地獄法界也有，餓鬼法界也有。什麼叫「餓」，饑餓的餓，而不是兇惡的惡。饑餓，現在餓不餓？恨不得找個東來順涮羊肉吃去，那個狀態，餓鬼法界。過一會兒覺得不好意思了，咽幾口唾沫，滿足了，什麼法界？人的法界。挺簡單的，所以把它想成三維空間、四維空間反倒沒什麼意思。

問：佛說非身，是名大身，這裏的「大」和老子《道德經》裏所說的「大曰逝，逝曰遠，遠曰返」中的那個「大」，是否同意？

答：老子這裏邊更多的是講了一個哲理，一個性質，一個高度，那麼這裏說的「大身」就是「身如須彌山王，其身爲大」，大小相對的大。因爲後邊就有世界和微塵的對比，對不對？就是一個很簡單的東西，沒那麼複雜。但是老子那裏面講的是形而上的東西，這裏講的是一個具體看得見的形而下的東西。

問：請問心理的陰影是否和惡業有關？

答：陰影包括惡業和善業的，因爲所有在你心裏留下的東西都叫陰影，就好比你去拍X光，不管你有病沒病，都要有個影子，你不能說它有善惡，所以陰影既跟惡業有關也跟善業有關，也跟無記業有關。什麼叫無記業？餓了就想吃、睏了就想睡、渴了就想喝，就叫無記業，沒有善惡。所以陰影跟所有的業都有關。

問：如何克服心理陰影，是隨著它去還是不管？

答：隨它去就成爲凡夫，不管它就是阿Q。以智慧洞見它，然後無所住而生其心，超越它，這就是佛法。

問：如果一個人經常在同一時間做同一個夢，請問是不是自性的反映？

答：現實中的一切都具有持續性，夢中的情景是短暫性的。夢中一小夢，人生一大夢，夢中還說一夢，所以沒什麼，都是夢而已。有時我們天天都在做同一個夢，什麼夢？明天的太陽照常升起，後天的月亮照常降落，是不是同一個夢？所以南柯一夢、黃梁一夢，黃梁一夢多長時間？就是煮次小米飯都還沒熟呢！經常做同樣的夢，有時候也反映一個問題，可能最近的心理狀態需要調整一下，最好的調整方法就是微笑，對自己的心微笑，別去懲罰它、別去制裁它、別去安慰它。只是微笑，接受它，就夠了，最好的方法，平常心。

問：我想問《圓覺經》裏的一個問題，就是在修禪的時候「單修禪那」是怎麼個修法？

答：《圓覺經》二十五種修法，單修禪那的方法就是滅煩惱，那麼煩惱有沒有一個來處？有沒有體性？（觀眾回答：從心來。）

從心來？那麼心在哪兒？有沒有來處？沒有來處。有沒有住處？好像沒住處，可正在經歷的時候有沒有一個實實在在的身心的感受？有，很實在，對不對？儘管沒有住處，但是有實實在在的感受，那有沒有個去處？一覺醒來煩惱就完了，來無來處、去無去處、住無住處，只是暫時的虛幻有。所以以滅煩惱立，單修禪那，就是觀緣起。

一切只不過因緣，有了一個叫做明奘的人，有一個人叫做張三，他因爲怎麼樣怎麼樣然後讓明奘不開心，這個明奘就煩惱起來了對不對？然後你就要來觀察，那個叫做明奘的，佛說明奘，即非明奘，是名明奘，哦，佛說張三，即非張三，是名張三，佛說煩惱，即非煩惱，是名煩惱，於是恬淡地一笑，就過去了。所以這就是以單修禪那滅煩惱的修行方法。看似非常的簡單，道理太容易明白了，可做起來太難太難了。因爲我們生生世世認爲有一個實實在在的我的生命，所以才有這一期的生命，才有一個實實在在的個體，因此我才更加的痛苦、煩惱，你要想把生生世世的這個執取放下，就憑今天你想明白這個力量，是蚍蜉撼樹、螢火燒山啊！所以《圓覺經》的修法很微妙、也很具體，但是操作起來還是有一定的難度，所以日久功深。

禪宗的修行方法就是寧可你這輩子沒有得到解脫，不怕，最重要的正見不能失去，正見一旦失去，就會盲修瞎練，走上迷信，然後貪功冒進走向什麼？邪道。很多的修行人實際上他原出發點很好，但是最後的結果卻是很悲哀地走上了邪道、邪教。這就是貪功冒進，太想得到一個東西了，要知道他太想這個「太」和這個「想」怎麼樣？大貪，已經違背了諸法皆空的本體，違背了。所以正見一失，他哪怕整天守戒，也都是錯誤的。正見也就是智慧，智慧是第一位的，因此八正道中，正見、正思維，全是智慧層面的；正語、正業、正命完全是身體和語言層面的，正精進，是通於身體和語言、心念的；然後正定和正念則是專門指修行方法上的。但是以正見和正思維排在第一和第二，是最關鍵的。「寧可千年不悟、不可一時錯路」，就是這個道理。

願消三障諸煩惱
願得智慧真明瞭
普願罪障悉消除
世世常行菩薩道
普願一切見者聞者聽者
遠離痛苦之因、痛苦之緣、痛苦之業
普願一切見者聞者聽者
建立解脫之因、解脫之緣、解脫之業
普願一切見者聞者聽者
快樂安詳得以解脫
願一切眾生
快樂安詳得以解脫
願一切眾生
快樂安詳得以解脫
願一切眾生
快樂安詳得以解脫

第十四品

離相寂滅分

請大家合掌
南無本師釋迦牟尼佛
南無本師釋迦牟尼佛
南無本師釋迦牟尼佛
無上甚深微妙法
百千萬劫難遭遇
我今見聞得受持
願解如來真實意

爾時，須菩提聞說是經，深解義趣，涕淚悲泣，而白佛言：「稀有，世尊！佛說如是甚深經典，我從昔來所得慧眼，未曾得聞如是之經。世尊！若復有人得聞是經，信心清淨，即生實相，當知是人，成就第一稀有功德。世尊！是實相者，即是非相，是故如來說名實相。世尊！我今得聞如是經典，信解受持不足為難，若當來世，後五百歲，其有眾生，得聞是經，信解受持，是人即為第一稀有。何以故？此人無我相、無人相、無眾生相、無壽者相。所以者何？我相即是非相，人相、眾生相、壽者相即是非相。何以故？離一切諸相，即名諸佛。」佛告須菩提：「如是！如是！若復有人，得聞是經，不驚、不怖、不畏，當知是人，甚為稀有。何以故？須菩提！如來說第一波羅蜜，即非第一波羅蜜，是名第一波羅蜜。須菩提！忍辱波羅蜜，如來說非忍辱波羅蜜。是名忍辱羅蜜。何以故？

到了十四品，《金剛經》第三次出現「爾時」。「須菩提聞說是經，深解義趣」，這跟我們淺嘗輒止的理解是有差異的。眞正的明白是「深解義趣」，深深走入的意思，法已經入他的心了，法水已經澆灌了他的心。那我們現在很多的佛弟子，佛教徒，是法不入心。做一個很形象的比喻，有的人剛一聽說佛法，馬上就會說，好！可怎麼好了？不知道。有可能會說吃素好。吃素怎麼好了？血脂肪可以不高。磕頭好。怎麼好了？可以活動一下筋骨。說了半天都是隔靴搔癢。眞正的法怎麼樣好呢？叫自受用與他受用。自受用是說你自己聽到這個法以後遇到煩擾時，你會用這個法來化解煩惱，生起那種般若智慧的力量，煩惱馬上熄滅了。但是不是說一個人學了佛法深解義趣了，就眞的再也沒有煩擾了？可能嗎？如果能做到，這個人一定是創造者，是不是？所以法水要入心。

「深解義趣，涕淚悲泣」，號啕大哭，捶胸頓足，朝聞道夕死足矣那個樣子。那麼一個人修行佛法，如果說是在若干生中沉迷得很深很深的人，一旦他眞的明白佛法後他都是會笑，因爲總算從生命的迷惑中醒過來了，他開心得不得了。相反迷得淺的人他會哭，爲什麼會哭？覺得冤枉，本來生命不應該有迷惑，不應該受這麼多痛苦和煩惱，結果卻窩裏窩囊地受了這些個輪迴之苦，所以他感覺冤，涕淚悲泣。衣毛爲豎，身上的毛髮，不但是髮，連汗毛都豎起來了，甚至不但眼中出血，還有毛孔出血。我們看有些修行人，他們到了眞正得到那種法樂的時候，毛孔都出血，那個時候不用擔心失血過多，那個擔心是因爲世俗之見。出完了，業障也就全消掉了，剩下的血全是純淨的。但是現在這樣的修行人很少很少了，已成了一種傳說了。

佛您老人家說了如是甚深經典，我從過去以來，所得的慧眼，從來沒有得聞過這樣一部深刻的、了義的、圓滿的智慧之經。世尊，如果有人聽到這個經，信心清淨，就怎麼樣？則生實相。看這八個字，「信心清淨，則生實相」，相信自己的心清淨會不會實相自然而生？別在這兒顢頇錯過。

自然心清淨就是實相，這裏邊是有因果關係的。心清淨就好比湖水的平靜，大家想想看平靜的湖水，微波不興、漣漪不起那個狀態，空中有個飛鳥，水中立刻就顯現出來，心清淨，諸法的本來面目全部就自然生起了實相，當下即是。就當下，體會一下，現在，因爲你聽我說了，你也沒思善，你也沒思惡，什麼都沒想，沒想下一個時間、下一個小時幹嘛？心清淨不清淨？燈光在哪裡？聲音在哪裡？什麼都清楚明白。但是什麼都清楚明白，並不干擾你純淨的心，那就是實相。所以佛法當下就是，就看你信不信，這就叫做無上祕法。你看又沒有念咒，但是你不信就沒有那個作用；信了，你隨時讓自己保持在這個狀態就是實相，它就是智慧。如果大家能做到了，就怎麼樣了？這個人成就第一稀有功德。前面已經說過功德與福德的差別，功德是無漏法，帶我們走入解脫涅槃之門，那福德呢？是有爲之法，帶我們進入善法之門，但是善法用盡了，還要輪迴到生死之中。

「世尊，是實相者，即是非相，是故如來說名實相。」前面曾說：「凡所有相皆是虛妄，若見諸相非相即見如來。」如來，就是如其本來的意思，既然一切相皆是虛妄，那麼若見一切諸相皆是非相，是不是就見到如其本來了，就不受幻相的制約了。所以實

相者即是非相，我們否定了這些虛妄的相，認爲有一個實實在在的實相在，這個實相是眞的是假的？假的。唯有你執著於「有」，佛才說空，當你把「有」破除了，這個空還是假的。因有而立空，因生死而立涅槃，因煩惱而立解脫，你沒有煩惱了要解脫幹嘛？你已經超越了所有的方向，你還要這個指南針幹嘛呢？因方向所以迷路，如果本無方位，無處所了，又哪來的迷失呢？這個道理慢慢玩味。

「世尊，我今天得聞如是經典，信解受持不足為難」，信，相信了，解，正確地了解了，受持，就是行動。解空第一的須菩提長者，當然了解這樣一個甚深的般若之法是不足爲難。「若當來世，後五百歲」，指我們這個時代，「其有眾生，得聞是經，信解受持，是人則為第一稀有」。聽到這個經典，信解受持，這個人則爲第一稀有，不但是稀有中的稀有，是第一稀有。「何以故呢？」因爲此人已經超越了我相、超越了人相、超越了眾生相、超越了壽者相，「所以者何？」我相就不是實相，對不對？所以我相即是非相，既然我相違背了實相，他就不是我們應該抓到的如其本來的樣子，他也就是非相了。那因我而建立的人相、眾生相、壽者相，是不是自然都是非相，爲什麼這樣呢？「離一切諸相，即名諸佛」。

練過氣功的人都知道，氣功的最高境界，就是心裏面一念不生，這叫空心靜坐，於法無益。空心靜坐而已。各位想想，心本身讓你空嗎？即使你要空這個心，想要空這個心的願望本身是有還是無？你已經有一個實實在在的有在心裏了，還空什麼？是不是這個道理呀？這就是佛法的智慧。「離一切諸相，即名諸佛」，你認爲有一個亂相，不對；認爲有一個清淨相，也不對。因爲它是建立在二元認知上，諸法如意，諸法本來的樣子超越動靜二邊，既沒有動相，也沒有靜相。佛告須菩提，是啊是啊，如果有人得聞是經，第一個「不驚」，不驚奇，「不怖」，不恐怖，「不畏」，不身懷畏懼。梁武帝見達摩問：「這一生建寺度僧無數，有何功德？」結果達摩說：「並無功德。」梁武帝聽到這四個字夠驚怖，是吧？如果讓修行人離開了他所謂的清規戒律，看看他還安住在什麼之中？你不讓他吃素，他會嚇壞，不讓他早晨四點半起床念經打坐，就讓他無所事事，他做得到嗎？他還會嚇死了。他認爲財、色、名、食、睡，地獄五條根，睡多了下地獄，於是怕死了。驚怖畏！如果有人聽到這個，不驚、不怖、不畏，信心清淨則生實相，離一切諸相則名諸佛，一旦明白這個了，如來說：「當知是人，甚為稀有。」爲什麼這樣說？「須菩提，如來說第一波羅蜜，即非第一波羅蜜，是名第一波羅蜜。」

波羅蜜有六波羅蜜，也就是我們第一天講的佛教的「五乘教法」，人乘、天乘、聲聞乘、緣覺乘到菩薩乘。菩薩乘的教法以六條爲標準，第一條叫佈施波羅蜜，就是用佈施的方法到達彼岸；第二條叫持戒波羅蜜，用持戒的方法到達解脫的彼岸；第三條是忍辱波羅蜜，用忍辱的方法到達解脫的彼岸；第四條是精進波羅蜜，用精進的方法到達解脫的彼岸；第五條是禪定波羅蜜，第六條是般若波羅蜜，用智慧到達彼岸。這就叫菩薩的六度法，六種到達彼岸的方法。

但是佛又告訴我們了，前五度如盲，瞎眼睛，第六度如什麼？如眼。所以前五度離開了第六度就是盲人，因此佛法有一個戒律規定——「忘了智慧而行善法，即是魔業」。我們現在很多佛教徒去做義工去做善事，但沒有智慧。他沒有智慧，所以做的所謂的佈施全是痛苦之因，痛苦之業。

給大家講一個笑話，這是我在吉隆坡巡迴講法時，當地的幾個法師給我講的。說有一個臺灣非常知名的大法師到一個養雞廠去放生，是一個印度人開的一個養雞場，六百多隻雞，結果擱在籠子裏，擱了三天死了三分之一，被曬死的，因爲當地溫度太高了。人家養雞場起碼通風呀，空調設備還是有的，他這一弄沒有了，結果被當地的印度人告到衛生署了，說這裏禽流感。衛生署馬上派人來檢查，一檢查沒有禽流感，就是好端端地被曬死的，因爲缺少水又擠。這種行爲叫忘失了智慧的善法，即同魔業。所以盲目放生很有問題。因爲違背了放生的本意，放生的本意叫救它急難。

所以這是我們佛教徒做得很愚昧的一些善事，我們要知道要有智慧、知識、知量、知解，隨緣、隨分、隨力、隨心，這都是波羅蜜，般若波羅蜜。離開了這些去行善法，好事不如無事。

「須菩提，忍辱波羅蜜，如來說非忍辱波羅蜜，是名忍辱波羅蜜」，剛才已經說過，佈施、持戒，第三個就是忍辱嘛！那爲什麼說忍辱即非波羅蜜了呢？

「何以故？須菩提！如我昔為歌利王割截身體，我於爾時，無我相、無人相、無眾生相、無壽者相。何以故？我於往昔節節支解時，若有我相、人相、眾生相、壽者相，應生嗔恨。須菩提！又念過去於五百世作忍辱仙人，於爾所世，無我相、無人相、無眾生相、無壽者相。是故，須菩提，菩薩應離一切相，發阿耨多羅三藐三菩提心，不應住色生心，不應住聲香味觸法生心，應生無所住心。若心有住，即為非住。是故佛說：〈菩薩心不應住色佈施。〉須菩提！菩薩為利益一切眾生故，應如是佈施。如來說：一切諸相，即是非相。又說：一切眾生，即非眾生。」

再看這一段，第十四品和第十七品是最長的。「歌利」翻譯成漢語是殘暴的意思，歌利王當時是國王，那麼釋迦牟尼呢？他那一生在做一個修行人，在一個山上玩，他的玩法就是打坐，認眞地修行。歌利王帶著妃子們到這來遊玩，這些妃子見到一個鬍子這麼長的修行人覺得很好奇，就問：你是神仙還是妖怪？那修行人本著他的慈悲如實解答，結果歌利王睡醒後一看妃子們都在圍著這個修行人，他就認爲修行人侮辱了他。馬上就問修行人，你有沒有引誘我的宮女？修行人說沒有，這就是忍辱仙人嘛！歌利王說：好，割耳朵。割下一隻耳朵還不好，又割鼻子，最後把忍辱仙人節節肢解。這個時候，釋迦牟尼佛的前生發了個願：如果我說了假話，那麼就讓我節節肢解，如果我沒有說假話，那麼讓我的身體恢復如初。他說完這話後本來是晴空萬里的天，突然飛砂走石，沙塵暴來了。沙塵暴後，忍辱仙人身體完好如初。歌利王知道自己冤枉了這個眞正的修行人，就跪地磕頭、求饒、懺悔，說我做錯事了。這時候，佛陀前生就發願說：沒有關係，歌利王，當我成佛的時候我第一個來度你。

這就是佛陀的前生，他是以忍辱波羅蜜來止惡，而不是以惡止惡，是以包容化解了惡。等到釋迦牟尼成佛，觀察因緣，找到了五比丘，三轉法輪，三轉：法輪包括勸轉。第一轉四聖諦法輪，阿若陳如尊者就明白了，當時就證得了阿羅含果。這個阿若陳如就是當年的歌利王。來到漢地我們大陸佛教的禪堂裏供的既不是釋迦牟尼也不是阿難，而是阿若陳如尊者，因爲他是第一個開悟的人，第一個明白了四聖諦法，得到法眼淨的阿羅漢弟子。所以當佛祖的前生被歌利王割截身體時，那時如果他有我相、人相、眾生相、壽者相，肯定應該生嗔恨，對不對？但他沒有這些相，所以遠離嗔恨。

「須菩提！又念過去於五百世作忍辱仙人」，在印度凡是在深山裏、森林裏修行的人都叫做仙人。並不是他已經升仙得道，跟中國道家說「一人得道，雞犬升天」，完全不一樣，只要一個人離開家庭在森林裏修行，都叫做仙人。但他不能飛呀，不能變化自在，他只是一個修行的人，甚至有些很窩囊的修行人都叫做仙人。做忍辱仙人，也是超越了我相、超越了人相、超越了眾生相和壽者相，「是故，須菩提，菩薩應離一切相」，菩薩應怎麼樣？應該離開一切相，發無上正等正覺的這個心。發阿耨多羅三藐三菩提心，不應住什麼？不應住色、聲、香、味、觸、法、身、心，應生無所住心。

那想想看跟第十品「應無所住而生其心」和「應生無所住心」，兩個有差別嗎？實際上沒有太多的差異。在第十七品還會把這個話重複，第十七品的說法跟這兩個又不一樣，我們到了再說。

「若心有住，即為非住」。想想看你心中執著的任何一個東西，都不能讓你得入深層的禪諦。你認爲說只有在深山裏打坐才能夠修行，那麼你就受之於這一個成見，十字街頭就不能修行；你認爲只有吃素才能修行，那麼你今天不小心吃了個魚，那這一天你就不修行了？在禪修的深層階段，你任何一點點的執取，哪怕是像針尖那麼大，哪怕是善法，哪怕是出世解脫法都會成爲障礙。淺層階段這些該有的規矩都必須建立，但是深層階段這些該破的卻全都要破。所以我們在講諸論的時候就會講到，所有一切諸法皆破，惡法破掉，善法也破，兩邊破掉，中間也給破掉，一切皆破，破得無可再破了，便差不多入道了。你看降龍十八掌第十八掌是什麼掌？是融會貫通，把前十七掌全忘了，第十八掌才是眞正的有力量。所以金庸也滿懂這個禪的，聽說他過去信的是天主教，後來改信了佛教，因此對禪較有了解。不應住色佈施，當然也不住聲香味觸法佈施。

「為利益一切眾生故，應如是佈施。」佛陀現在終於正面回答問題了，如來說一切眾生，「一切諸相，即是非相，」又說：「一切眾生，即非眾生。」

所以說《金剛經》不是講的，實際上就是玩味和體會的。我個人認爲讀經時，任何人的注解都不要看，不管是祖師、大德的、歷史的，還是現代的全都不要看，拿來就讀，怎麼讀呢？盤腿坐著，傻乎乎地大聲地讀出來，三年下來，看怎麼樣？可惜我這個方法卻沒人相信。為什麼？現代人太盲從一些所謂的大師了。今天聽聽這個人的，明天聽聽那個人的，三天打魚兩天曬網，跟不下去，不能一門深入。其實他眞正要做的，就是老老實實地，就該像這裏的這樣。

「須菩提！如來是真語者、實語者、如語者、不誑語者、不異語者。須菩提！如來所得法，此法無實無虛。須菩提，若菩薩心住於法而行佈施，如人入暗，即無所見。若菩薩心不住法而行佈施，如人有目，日光明照，見種種色。須菩提！當來之世，若有善男子、善女人，能於此經受持讀誦，即為如來，以佛智慧，悉知是人，悉見是人，皆得成就無量無邊功德。」

你看如來是眞語者，也就是不說假話，對不對？實語者，不說欺騙人的話；如語者，其本來的說，絕不文過飾非；不誑語者，絕對不會說過頭的話，你過來吧，我這裏有寶貝，來了之後怎麼樣？沒寶貝。那麼關於不誑語者，我推薦大家看看《法華經》。《法華經》共二十八品，都是講故事，沒有講道理。裏邊有著名的八個比喻。

比如說有一個故事叫做火宅喻，火宅，著火的宅子。一個人，有很多很多的錢，生了很多兒子，有一天他從外地做生意回來，發現自己的房子已經著火了，可是用所有方法跟這些孩子說：「快出來，快出來，火已經著了，一會兒房子要倒了，你會被燒死的，」孩子卻沒有一個出來的，就是貪玩兒。最後他說：「我這兒有羊車、有鹿車、還有牛車。」這一說，孩子們便想盡辦法出來：從門裏跑出來的，搭著梯子順牆跳下來的，翻繩索出來的，最後孩子全逃出來了。出來了以後，他說：以我的財產，不需要給羊車給鹿車，每個人生命保住了全給大白牛車。這就是著名的兩個比喻：「三車之喻和火宅之喻。」佛就是那個人，這些孩子就是我們。佛說此事苦應該離，我們不相信，此事即是苦之因，還是不相信，此事滅，是解脫之果，還是不相信。那算了，告訴你有個極樂世界，有個天堂，去不去？都想去，所以極樂世界就是個什麼？就是大白牛車。

你看佛叫不誑語者，他有沒有說假話呢？沒有。但是你如果認爲那是唯一的解脫之法又錯了，所以佛又叫不異語者。如來說的，千說萬說、橫說豎說、白說黑說，都在說一件事，什麼事？「須菩提！如來所得法，此法無實無虛」，所以到禪宗就不這樣說了，「臨濟祖師，有時候老僧一根稻草做丈六金身用。有時丈六金身做一根草用，有時一喝不做一喝用」。什麼意思？佛陀身子特別高大，叫丈六金身，紫磨眞金色身，他的三十二相其中的一樣，叫紫磨眞金色。有時一根稻草做丈六金身用。有時丈六金身做一根草用，有時一喝，大聲地吼一聲。

當年蘇東坡經常被流放，流放到哪兒都喜歡找禪宗的和尚考論武功去，有一天碰到一個和尚，然後說：「我帶了一桿秤，帶了一把尺，稱稱你這和尚有幾斤幾兩？這把尺子看你和尚道行深淺？」和尚「喝」地大吼一聲，「蘇大學士，請你拿你的稱量量我這一喝有幾斤幾兩？我這一喝的道行深淺？」蘇東坡又啞了。所以臨濟祖說一喝不做一喝用，大吼一聲有斤兩嗎？對有些膽小的人，卻振聾發聵，嚇得膽破心寒，所以佛法叫無實無虛。

「須菩提，若菩薩心住於法而行佈施」，就怎麼樣？「如人入暗」，進了一個暗地方，則什麼都見不到。若菩薩心不住法而行佈施，如人有目，並且見種種色，還有日光明照。須菩提，未來之世，如果有善男子、善女人能以此經接受、持之佈施，讀誦，則如來以佛智慧，悉知是人，悉見是人，皆得成就無量無邊功德。大家想想看這個是做得到還是做不到？佛陀怎麼能知道這個人做的一些事呢？所謂如來以佛智慧，悉知是人，悉見是人，那麼他跟上帝全知的差別在哪裡？

這裏面的道理如何，我們做一個比喻，如來，諸法如其本來的樣子，既然是諸法如其本來，我們就說佛的智慧，好比無邊際的虛空。那麼在虛空中發生的一件事，山崩了，地裂了，海嘯了，大家想想看，在這個虛空中他是不是全知的？還用得著刻意去看嗎？不需要，所以他不需要做任何事，因爲一切都在他的心裏面，在他的範圍內運行。因此如來以佛智慧，悉知是人，悉見是人，知道還不算，還能見到看見。這些人，皆得成就無量無邊功德。

請大家跟我合掌
願消三障諸煩惱
願得智慧真明瞭
普願罪障悉消除
世世常行菩薩道
普願一切見者聞者聽者
遠離痛苦之因、痛苦之緣、痛苦之業
普願一切見者聞者聽者
建立解脫之因、解脫之緣、解脫之業
普願一切見者聞者聽者
快樂安詳得以解脫
願一切眾生
快樂安詳得以解脫
願一切眾生
快樂安詳得以解脫
願一切眾生
快樂安詳得以解脫

第十五品

持經功德分

請大家合掌

南無本師釋迦牟尼佛

南無本師釋迦牟尼佛

南無本師釋迦牟尼佛

無上甚深微妙法

百千萬劫難遭遇

我今見聞得受持

願解如來真實意

「須菩提！若有善男子、善女人，初日分以恒河沙等身佈施，中日分復以恒河沙等身佈施，後日分以恒河沙等身佈施，如是無量百千萬億劫，以身佈施；若復有人，聞此經典，信心不逆，其福勝彼，何況書寫、受持、讀誦、為人解說。須菩提！以要言之，是經有不可思議、不可稱量、無邊功德。如來為發大乘者說，為發最上乘者說。若有人能受持讀誦，廣為人說，如來悉知是人，悉見是人，皆得成就不可量、不可稱、無有邊、不可思議功德。如是人等，即為荷擔如來阿耨多羅三藐三菩提。何以故？須菩提！若樂小法者，著我見、人見、眾生見、壽者見，則於此經，不能聽受讀誦、為人解說。須菩提！在在處處，若有此經，一切世間、天、人、阿修羅，所應供養；當知此處則為是塔，皆應恭敬，作禮圍繞，以諸華香而散其處。」

十二品、十三品、十五品乃至十四品的後半部分，幾乎一半都說了此經的功德。前面已經講了，初日分就是太陽還沒出，用自然的光線，肉眼也能看到手上掌紋的時候。

大概相當於現在四點二十分鐘左右，四點二十到十點二十是初日分；上午十點二十到下午的兩點二十分，是中日分；下午兩點二十到六點二十，相當於後日分。印度跟中國不一樣，印度屬於南亞熱帶，每天下午，差不多六點十五左右就黑天了。而中國的地方卻太大，所以很神奇，因此中國的晝夜時差大，東西部差異也大。印度地方相對還是小，比較單一。初日分、中日分、後日分都去佈施，是很辛苦的。

一個禪師做過一首禪詩：「若人靜坐一須臾」，如果有人能靜坐，哪怕時間只有很短很短的那麼一須臾，「勝造恒沙七寶塔」，勝過造了像恒河沙那樣多的以七寶造成的塔，「寶塔畢竟碎爲塵」，寶塔無論建得多麼堅固，隨著無常法則的遷滅，終有一天會倒下，「一念淨心成正覺」，你在一念間突破了煩惱，成了正覺，正覺就是阿羅漢了，那個功德就已經不可思量了。「如是無量百千萬劫，以身佈施」，以身佈施，就不僅是拿錢給別人，還拿身體給別人。

在這裏，我想講一件我親身經歷的關於菩薩戒的故事。

一九九六年底我在新加坡跟淨空法師學習，剛好江蘇鎭江焦山定慧寺的茗山老和尚去那講《梵網菩薩戒經》。新加坡這些華人聽不懂他的江蘇口音，因爲我是二十七個大陸去學習的同學中唯一的一個長江以北的和尚，就我算普通話標準，那就責成我來給他同聲翻譯。共講了十三個晚上，頭兩個晚上，老人家怎麼說的，我就怎麼翻譯。到了第三天晚上我不敢那麼翻譯了，因爲他講菩薩戒就是照本來講，菩薩戒裏規定說：若有大乘同見、同學來者，來了應該，但自己家裏窮，就把自己的大腿肉、身上肉割了煮了給他吃。這還不算，還要把妻子兒女都要賣了供養他。爲什麼？大乘菩薩道嘛！這還不是菩薩戒的重戒，只是四十八條輕戒中的一條。可他這種如實的說法，是違背新加坡憲法的，屬於販賣人口。我就只好給他改，改後老和尚還挺開心的。

那麼菩薩應該怎麼樣？以身佈施。佛陀的前生很多次以身佈施。「若復有人聞此經典，信心不逆」，學道如同逆水行舟，不進則退。凡夫是順生死之流而下，我們學道則是逆生死之流而上，所以叫信心不逆。「其福勝彼，何況書寫、受持、讀誦、為人解說」。這句話將來可以在我們講《大乘起信論》的時候來看。《大乘起信論》說：「信成就處，佛祖現前。」信得極了，佛祖就在你眼前，因爲你自己就是了，更何況用毛筆來寫，受持讀誦爲人解說。

我曾做過很傻的一件事，出家前，讀了《金剛經》覺得特別特別好。我認爲一定得爲別人解說，也是貪得功德那種心理，於是就把我弟弟抓來，給他講，講著講著，他一會兒便睡著了；還把我一個大學同學抓到北京來跟我吃素，吃了三天。那種做法很極端，那個狀態很狂熱。所以修行人犯點傻很可愛。整天都這麼的嚴肅，這個人只可敬而遠之。像濟公活佛，誰都可以和他玩玩，那濟公就跟老百姓打成一片。所以我們需要的是生活中的佛法，而不是殿堂中的佛法。但印度佛教不是的，印度它是一個注重等級的國家，四種姓制度，婆羅門教就是尊貴、崇高的，精神導師比世間的王法還要高貴。

須菩提以要言之，這個經所說的「不可思議、不可稱量，無邊功德」是給誰說的？「為發大乘者說」的，「為發最上乘者說」的。如果有人能夠受持讀誦，「廣為人說，如來悉知是人，悉見是人，皆得成就不可量、不可稱、無有邊、不可思議功德」。這幾個字大家可以查佛學詞典，「不可量，不可稱，無有邊，不可思議」，它都是一個數學概念，像百萬、萬萬、億萬、億億萬、超億萬一樣，是數字。

「如是人等，即為荷擔如來阿耨多羅三藐三菩提。」荷，就是放在肩上，承擔的意思。如果我們自己不能夠廣爲人說，那麼我們請那些能說的人給人說，是不是一種傳播？我們出錢把這個金剛經印了給大家看，是不是也是一種傳播？所以印刷流通，讓別人分享都是好的。我還犯過傻事，不妨跟大家分享。

一九九二年北京還沒有幾間廟呢，也沒有幾個佛教徒，我跑到廣濟寺中國佛教協會流通處，買了很多經，送給這個老師、那個同學，人家都說這小子傻、有病，病得還不輕。後來一想，我得改變一下方法，我買了一堆，擱到我宿舍裏，然後「不小心」在我的辦公桌上露出一本。同事一翻，覺得挺好，能不能給我一本呀？借去看，行啊，但是借了之後必須要還給我啊，我就這一本很寶貴的。一開始送人，人家不開心，但是你這樣子吸引他，他自己上了賊船下不來了。所以「為發大乘者說，為發最上乘者說」，但是如果說「若樂小法者」怎麼樣呀？「著我見、人見、眾生見、壽者見，則於此經，不能聽受讀誦、為人解說。」

現在我們來觀察佛教徒，這種小法者太多了。一聽《金剛經》說應無所住而生其心，完了，這是邪道，罵你一頓；一說即心是佛，完了，這是妖魔。所以在傳播大乘佛法的時候，佛教有戒律規定，要求這個責任完全在老師身上，而不在弟子身上。

比如說唐太宗把皇位交給他的兒子高宗李治，高宗李治傳給了武則天。那麼你看從盛到持平，然後開始慢慢地衰。再看看宋徽宗、宋欽宗，也是越走越衰敗，那是不是老師的責任？上一任的責任？有他的責任，老師選擇把法交給一個非法器弟子，這個法器專門指一個人。結果呢？很簡單，他就把它失去了，甚至給它變樣了。歪嘴的和尚，把經念歪了。所以大乘佛教在傳法的時候，寧可不傳，寧缺毋濫。

現在好多念佛的口頭禪就是：哎呀，我業障重。這句話是印光老法師講的嘛——別人都是菩薩，我就是業障深重的凡夫，把這個當成口頭禪用。阿彌陀佛正念著呢，你要是在他耳邊說：「哎，錢包沒了。」他馬上問：「眞的嗎？」我也經常問他們，釋迦牟尼佛念哪個佛成佛的？不知道。念哪個經成佛的？不知道。誦哪個咒成佛的？不知道。釋迦牟尼是打坐成佛的，這才是根本的法。所以戒、定、慧三根本學，是不可變的。戒——捨心爲戒，然後因戒生定，因定開慧，因慧而斷除煩惱。

你光是盲目地念佛，喊破喉嚨也惘然，就是這個道理。「須菩提！在在處處」，把空間全都一網打盡了，「若有此經，一切世間、天、人、阿修羅」都應該供養，「當知此處則為是塔」。

在印度時代、佛陀時代建塔，一個是釋迦牟尼的舍利建塔，另外一個是法身塔，什麼叫法身塔呢？在北京有個房山雲居寺，這個塔裡面什麼都沒有，就刻這四句，「諸法因緣生，諸法因緣滅。我師大沙門，常作如是說。」這就叫做法身塔，以佛法的核心就是諸法因緣而生，諸法因緣而滅，所以這叫法身塔。那有了這個《金剛經》是不是就是塔了呢？「則為是塔，皆應恭敬，作禮圍繞，以諸華香而散其處。」想想看，講智慧的金剛經，卻拿了花和香，還得作禮圍繞，右繞三匝，偏袒右肩，頂禮佛塔，有意思吧？大家慢慢來想這個問題，智慧和福德到底是可分，還是不可分？

請大家跟我合掌
願消三障諸煩惱
願得智慧真明瞭
普願罪障悉消除
世世常行菩薩道
普願一切見者聞者聽者
遠離痛苦之因、痛苦之緣、痛苦之業
普願一切見者聞者聽者

建立解脫之因、解脫之緣、解脫之業
普願一切見者聞者聽者
快樂安詳得以解脫
願一切眾生
快樂安詳得以解脫
願一切眾生
快樂安詳得以解脫
願一切眾生
快樂安詳得以解脫

第十六品

能淨業障分

請大家合掌

南無本師釋迦牟尼佛

南無本師釋迦牟尼佛

南無本師釋迦牟尼佛

無上甚深微妙法

百千萬劫難遭遇

我今見聞得受持

願解如來真實意

「復次，須菩提！若善男子、善女人，受持讀誦此經，若為人輕賤，是人先世罪業，應墮惡道，以今世人輕賤故，先世罪業即為消滅，當得阿耨多羅三藐三菩提。」「須菩提！我念過去無量阿僧劫，於燃燈佛前，得值八百四千萬億那由他諸佛，悉皆供養承事，無空過者，若復有人，於後末世，能受持讀誦此經，所得功德，於我所供養諸佛功德，百分不及一，千萬億分、乃至算數譬喻所不能及。須菩提！若善男子、善女人，於後末世，有受持讀誦此經，所得功德，我若具說者，或有人聞，心即狂亂，狐疑不信。須菩提！當知是經義不可思議，果報亦不可思議。」

這大概是我們一個修行人最想要的東西。我們曾經說過佛法的教學次第是信、解、行、證，這完全是從積極的、正面的層面上來說的，但是如何起信，你得首先把你的疑破除掉。又有一種說法，說的是另一個體系——修行要有什麼呀？資糧道，你要想修行先得有資糧，要想上路先得有盤纏。然後是加行道，你走路遠了，比如說有朋友請你到

西藏走一圈兒，卻發燒去不了，加行道不夠。然後是見道，你眞正知道路在哪兒了。再然後才是修道，最後是證道，證得了。那麼無論是先信，還是先要有資糧道，都先應該破除修行的障礙，叫「五蓋」：貪欲、嗔恚、睡眠、掉悔、疑。

來自於色法，就是純粹物質世界對我們的障礙，純粹來自精神世界的受、想、行、識，給我們帶來的干擾，都會讓我們有修行的障礙。所以你看這個經很好，如果善男子善女人受持讀誦此經，結果卻被人輕賤，怎麼樣？「應墮惡道」，這就叫做重報輕受，比如說坦白從寬、抗拒從嚴就是這個道理。你做了錯事，有一顆勇於悔改的心，佛法中「世間無可棄之人，世上之物無可棄之物，因爲一切眾生皆有佛性」，說的就是這個道理。所以爲人輕賤不可怕，「先世罪業，應墮惡道，以今世人輕賤故，先世罪業即為消滅」，不但罪業消滅了，還能夠因爲修學此經當得無上正等正覺。

所以達摩祖師從南北朝時期來到中國，到了中國一直以《楞伽經》印心，之後把四卷本的《楞伽經》交付給二祖慧可，二祖慧可交付給三祖僧璨，三祖僧璨交付給四祖道信，道信交付給五祖弘忍，到五祖弘忍不再用《楞伽經》來印心了，而是改成了《金剛經》。所以《金剛經》更加被中國的禪宗所推崇、所推重。

「須菩提，我念過去」，以自己的現身經歷說法，這就叫做「證轉法論」，跟剛才說的「於五百世作忍辱仙人，歌利王割截身體」一樣，這都叫「證轉法論」。佛在講法時跟我們講法不一樣，我們講法的時候大家是靠想像力想，而過去五百世，佛的講法，因爲有無量神通，波羅蜜，神通波羅蜜，他一講，大家就會看到，爲歌利王節節割截時的情景。咱們一講到這兒就想，一想就不可信，因爲咱們看不到。所以最大的不同就在這兒。

「於燃燈佛前」，我們中國漢地供養燃燈佛的很少，北京就一家，在通州葫蘆湖裏邊有一個燃燈塔，現在歸一個工廠所屬，很希望能把它恢復爲佛教活動場所。「得值八百四千萬億那由他諸佛」，「那由他」是無量的意思。「悉皆供養承事」，供養還不算，「承事」是什麼意思？人家要喝水他就給拿水、要穿衣就給拿衣服，在身前照顧他，這叫做「承事」。「無空過者」，沒有漏過一尊佛，這個功德大不大？太大了。「若復有人，於後末世，能受持讀誦此經，所得功德」，跟我所供養諸佛所得功德相比，受持此經的功德更大更大。「百分不及一，千萬億分乃至算數譬喻所不能及。須菩提！若善男子、善女人，於後末世，有受持讀誦此經，所得功德」，如果「我若具說者」怎麼樣？一般的經裏邊這裏會說窮竭不盡，也就是讓使無量的時間講這個功德都說不盡，「或有人聞，心即狂亂，狐疑不信」。狐疑不信也就罷了，心還狂亂，這就是福報還不夠，智慧的累積不夠，但是不能輕賤這些小根與小器者，要等待他成熟，等待他成長。須菩提，要知道這個經其中的寓意不可思議，修學此經的果報也是不可思議的。

請大家跟我合掌
願消三障諸煩惱
願得智慧真明瞭
普願罪障悉消除
世世常行菩薩道
普願一切見者聞者聽者
遠離痛苦之因、痛苦之緣、痛苦之業
普願一切見者聞者聽者
建立解脫之因、解脫之緣、解脫之業
普願一切見者聞者聽者
快樂安詳得以解脫
願一切眾生
快樂安詳得以解脫
願一切眾生
快樂安詳得以解脫
願一切眾生
快樂安詳得以解脫

第十七品

究竟無我分

請大家合掌
南無本師釋迦牟尼佛
南無本師釋迦牟尼佛
南無本師釋迦牟尼佛
無上甚深微妙法
百千萬劫難遭遇
我今見聞得受持
願解如來真實意

> 爾時，須菩提白佛言：「世尊！善男子、善女人，發阿耨多羅三藐三菩提心，云何應住？云何降伏其心？」佛告須菩提：「善男子、善女人，發阿耨多羅三藐三菩提心者，當生如是心：我應滅度一切眾生。滅度一切眾生已，而無有一眾生實滅度者。何以故？須菩提！若菩薩有我相、人相、眾生相、壽者相，則非菩薩。所以者何？須菩提！實無有法發阿耨多羅三藐三菩提心者。須菩提！於意云何！如來於燃燈佛所，有法得阿耨多羅三藐三菩提不？」「不也，世尊！如我解佛所說義，佛於燃燈佛所，無有法得阿耨多羅三藐三菩提。」佛言：「如是，如是！須菩提！實無有法如來得阿耨多羅三藐三菩提。須菩提！若有法如來得阿耨多羅三藐三菩提者，燃燈佛即不與我授記：汝於來世當得作佛，號釋迦牟尼。以實無有法得阿耨多羅三藐三菩提，是故燃燈佛與我授記，作是言：〈汝於來世當得作佛，號釋迦牟尼。〉」

我們返回來看經文，善現啓請分第二，第四行，「世尊！善男子、善女人，發阿耨多羅三藐三菩提心，應云何住？云何降伏其心」。這裏「云何應住，云何降伏其心」。顛倒了一個字是吧？「應云何住，云何降伏其心」，有沒有差異呢？很奇怪，講《金剛經》講來講去又完全重複了。我推薦大家看看一個美國老居士沈家楨寫的《金剛經的研究》，他把這兩個研究得很透，爲什麼前邊叫「應云何住」，這裏卻叫「云何應住」？推薦大家學習，知道一個方法，人家是怎麼看的，但是我個人又覺得沒必要，因爲它眞正的目的是體現「諸佛妙理非關文字」，白紙黑字僅僅載道，載道的目的是幹嘛？讓你去體解大道，在字面上摳它的意思，那就完全背道而馳了，這個應交給廣大的佛教學者去做，不要交給我們修行人來做。如果修行人來做了，在這兒狐疑不信，心即狂亂。上來先要傻一點點，管它「應云何住」還是「云何應住」，我盤上腿兒就這麼住，有妄想接受妄想、有雜念接受雜念。接受它，就這麼簡單，如是降伏其心。好了，這就是佛告訴須菩提，善男子善女人，發這個無上正等正覺心的，當生如是心。

我們再回來看，這裏是「當生如是心」，那前邊呢？「發阿耨多羅三藐三菩提，應如是住，如是降伏其心」，也就是說應當生這樣的心，「我應滅度一切眾生。滅度一切眾生已，而無有一眾生實滅度者。」滅度，讓他的煩惱止息，到達智慧的彼岸。滅度了一切眾生，卻沒有一個眾生滅度，這個有沒有意思呀？太有意思了。一個人如果能做到這樣子，他沒成佛也就是佛了，他雖沒有成佛，可他的境界已經在佛的境界了。「何以故？須菩提」，如果菩薩執著「有我相、人相、眾生相、壽者相，則非菩薩」。爲什麼？須菩提，實在說並沒有一個具體的方法、具體的道路、能發無上正等正覺心的人，須菩提你又怎麼講呢？難道說，釋迦牟尼如來，在過去無量的這個時間之前，在燃燈佛前還是個修行人的時候，有法得到阿耨多羅三藐三菩提嗎？沒有，世尊，如我解佛所說意，佛在燃燈佛所，是沒有一個實在的法得無上正等正覺的。佛說：是呀是呀，就是這樣子，須菩提，實在沒有一個法得到無上正等正覺。須菩提，如果說有一個實實在在的法得到無上正等正覺，那麼「燃燈佛則不與我授記」，什麼叫做授記？就是預言。

那時候有一個著名的諾斯特拉德姆大預言，後來在二〇〇〇年的時候，有一大批網路高科技分子又在網上發表言論，說上帝是最後一次派彗星來接應人類，所以這一次必須抓住彗星的尾巴跟著走到天國去。因此那一時間美國、日本利用網路進行集體自殺的超過了五十人，那時候網路遠沒現在普及。這些預言建立在什麼上呢？比量認知。比量認知就是根據以往累積的經驗，然後得出結論——將來大概也會如此。這裏有一個很大的歷史規則可尋，開創者偃兵修文，與民生息，接著開始振奮疆土，然後破敗，再然後中興，中興破敗，最後改朝換代。根據這個經驗，所以三國演義說：天下大事合久必分，分久必合。

但是佛的授記不同，是現量認知，現前、實現、現實的意思，他是直接看到，這種認知是不會變化的，所以比量認知可變，現量認知卻不可變。所以燃燈佛就對當時的釋迦牟尼——這個行者，當時還不叫釋迦牟尼佛呢，說：你未來能夠做佛，佛的號叫做

「釋迦牟尼」。

> 何以故，如來者，即諸法如義。若有人言：如來得阿耨多羅三藐三菩提，須菩提！實無有法佛得阿耨多羅三藐三菩提。須菩提！如來所得阿耨多羅三藐三菩提，於是中無實無虛，是故如來說一切法皆是佛法。須菩提！所言一切法者，即非一切法，是故，名一切法。須菩提！譬如人身長大。」須菩提言：「世尊！如來說人身長大，即為非大身，是名大身。」「須菩提！菩薩亦如是。若作是言：我當滅度無量眾生，即不名菩薩。何以故？須菩提，實無有法名為菩薩。是故佛說：一切法無我、無人、無眾生、無壽者。須菩提！若菩薩作是言：我當莊嚴佛土，是不名菩薩。何以故？如來說莊嚴佛土者，即非莊嚴，是名莊嚴。須菩提！若菩薩通達無我法者，如來說名真是菩薩。」

「何以故」，爲什麼燃燈佛給釋迦牟尼佛作授記呢？「如來者，即諸法如義」。諸法，是被看得見、摸得著、能夠被我們認知的，這叫做諸法。那「如義」是什麼意思呀？世間上有沒有離開理的事呢？黑格爾說：「凡存在的即是合理的，」也就是說沒有離開理的事存在。那有沒有離開事的理呢？凡一事必有其理，中國儒家講「有其事則必有其理」，西方講「有其理必有其事」，所以東西方的一切聖賢在事與理的認識上沒有差異，只不過從不同的角度闡述同一個事情。

比如做夢這件事，黑天做的夢有「周公解夢」，那白天做的夢呢？都是夢嘛，所以又有一種修法專門叫做「夢中的禪定修法」，隨時讓自己觀法如夢。因此說理事是互相離不開的。「若有人言」，如果有人說，如來得阿耨多羅三藐三菩提了，須菩提，實在沒有一個法佛得阿耨多羅三藐三菩提。「須菩提，如來所得阿耨多羅三藐三菩提，於是中無實無虛」，說有不對，說無不對，說實實在在的有不對，說實實在在的無也不對，叫做「離四句絕百非」。說有不對，說無不對，說既有既無不對，說非有非無還是不對，那到底怎麼才對？禪宗就是這樣，就是這個無實無虛。其實參禪滿有意思的。爲什麼後來參禪的人那麼多，因爲它實實在在是一個生命的最大的遊戲。

不到北京不知道官之多，不到北京大學不知道學者之多，但是找個祖師卻是好難。所以祖師從哪裡來呢？從生命的心靈的遊戲中來，修行就是個遊戲，你要去找生命的實相，去把握生命的實相，所以蘇東坡呀王安石啊這些人都說，佛法「上智者不能不信」——這個東西太奧妙了，你只有信，不信不行。下愚者呢？「不敢不信」，不信也不行。所以佛教是針對一切根性的人，佛法叫「萬類同受，三根普被」。「萬類同受」，像一個雜貨店一樣，不管你什麼樣的根性，在佛法裏，都有他可以選購的那個部分；又說「三根普被」，所有的根器普遍地都能夠享受到，上上利根之人，下下弱鈍之人，中等的一半智一半愚的人，都有他的市場和空間。

「是故如來說一切法皆是佛法」。問題來了——一切法都是佛法，假如咱們每個人都帶個面具，打劫去，是佛法嗎？爲什麼這個也是佛法？孔老夫子說「三人行則必有吾師焉，擇其善者而從之，其不善者而改之」。所以孔老夫子的教法和釋迦牟尼的教法很相通。一切法皆是佛法，慢慢體會。「若見諸相非相即見如來」，如來者，諸法如義，全是說的一個道理。

「須菩提」，你看，「所言一切法者，即非一切法，是故，名一切法」。打劫法是佛法嗎？你看，盜亦有道。禪宗的教育方法就是盜亦有道。

有個故事，說一個小賊跟老賊學偷，老賊從來也不教他。有一天小賊拿著斧頭截住老賊，「老爸，教我。」「幹嘛教啊？」「你老人家要死了，後繼無人，我怎麼繼承家業怎麼謀生呀？」「好，擇個吉日。」於是月黑風高的一天，父子二人到了一個大戶人家，從一個狗洞鑽進去。進去之後，老賊把小賊擱在衣櫃裏，說：你等一下，我去去就來。出去後老賊喊：「有賊了，有賊了。」「賊在哪裡呢？」「賊就在這個小姐的房間裡呢！」於是大戶人家的家丁趕緊就去小姐房間，小賊在裏面嚇死了，「老爸什麼意思呀？」看來指望老爸不行了，小賊就學老鼠叫……人家一聽，這是老鼠叫，賊不在這兒，就到別處去了。小賊趕緊跑出來，家丁聽到有聲音，就追過來。剛好有口井，小賊把一隻鞋脫在井邊上，把衣服一脫，弄個石頭撲通丟進去了，家丁說賊掉井了，還有一隻鞋呢！然後小賊光著上身跑回狗洞，他爸爸卻拿棘籬把這個狗洞給堵上了，這時候怎麼辦呢？上半身光著，頭髮又亂著，這可麻煩了。小賊一看沒有地方可以藏身，只有一個大便桶，他趕緊把大便桶往外一倒，從底兒一捅，咚，鑽出去了。之後回到家裏一看，他爸爸正在那兒笑咪咪地喝著酒呢，小賊問：「怎麼回事呀？你怎麼那麼害我呢，你可是我親老爸呀！」老賊說：「你不是要跟我學做賊的技術嗎？」「是啊，那你也不能這麼害我啊！」「你看你不是已經出師了嗎？」

禪宗就是這樣的教育方法，有時把你逼到死路上、絕路上，叫做——「懸崖撒手，絕後再甦」。日本的禪宗就是，每天把你打得半死，還得越打越開心。日本人把禪法帶到美國去、西方去，那些老外居然也接受，不打還不過癮。禪宗的生命力就在於此，沒有一個固定的方法，無實無虛。「所言一切法者，即非一切法，是故，名一切法。」須菩提，如果有人身體又長又高又大，須菩提說：是的。如來說：人身長大即非大身是名大身。須菩提，菩薩應該怎麼樣？「亦如是」，菩薩應該無實無虛地來修這一切法。「若作是言：我當滅度無量眾生，即不名菩薩」。

所以我們現在有一類佛教徒，問他在幹嘛呢？他會說在度眾生呢。想想看，他認爲自己在度眾生，就已經不是菩薩了，根本就沒有眾生可度。我也經常給我的一些出家徒弟講，誰讓你度啊？你想想，你出家你的父母都反對，還讓你度？你的親戚朋友、鄰居、同事，誰讓你度啊？你說這些信徒來到廟裏給你磕頭燒香讓你度，沒那回事。「迷時師度，悟了自度」，老師只是告訴你個方法，**佛不手洗眾生罪，也不會代眾生受苦，佛唯說清淨法，令眾生自己解脫**。老師只是一個嚮導，只是一個開藥方的醫生，他不能替你服藥，不能替你走路。所以佛陀給自己的定位，我如良師、良醫、知病說藥，我如嚮導引導正確的方向，我引導但是絕對不替別人走，這就是佛陀。

「何以故？須菩提，實無有法名為菩薩。」實在沒有法，名爲菩薩，連菩薩法也沒了，「是故佛說：一切法無我、無人、無眾生、無壽者」。一切法，包括了生命，我、人、眾生、壽者，也包括了無生命的。堅硬的岩石能認爲自己是堅硬的岩石嗎？泥土能認爲自己是泥土嗎？流動的液體能認爲自己永遠是流動的液體嗎？當冬天來臨時流動的液體成了冰，當磕頭機到山上去開鑿時，堅硬的岩石也許變成了粉末，所以都沒有一個恒長的主宰性。既然沒有一個恒長的主宰性，當然在我的基礎上對立建立的人相就沒有了，然後自他對立，二者多元，形成的眾生相也就是沒有。

既然是這一切都沒有，當然你說時間的相似都是虛幻的，很虛幻。無我人，無眾生，無壽者，須菩提，如果菩薩又作這麼說了，「我當莊嚴佛土，是不名菩薩」，佛土是要你莊嚴的嗎？還是佛土本來就神聖莊嚴吶？本來就是莊嚴的，所以《維摩詰經》上說：「隨其心淨則佛土淨。」山高則隨其高，水低則隨其低，高就高處坐，低就低處行，有沒有差異？沒差異。所以本來平等，高低是我們人爲的規定性。

「莊嚴佛土，是不名菩薩。何以故？如來說莊嚴佛土者，即非莊嚴，是名莊嚴。須菩提！若菩薩通達無我法者，如來說名真是菩薩」。通達無我法者，也就是我執與法執，他都通達了、消滅了，既沒有我執也沒有法執。我們的執著有兩種，叫俱生我執與後天薰染的我執，也有俱生的法執與後天薰染的法執。什麼叫做俱生我執呢？與生俱來的，比如嬰兒生下來就會哭。後天薰染的我執，顧名思義，受環境的薰陶和感染而形成。包括我們的知見，學問、道德、倫理乃至我們整個的有政府與無政府，虛無與存在，所有這些全都是後天薰染的法執。斷除我執與法執，至於說先斷俱生的還是先斷後天的，這個因人而異，沒有一個固定的標準。

❖明奘開示

問：請教師父，解與證之間相隔的有多遠？

答：就像太陽和地球那麼遠。爲什麼這麼遠呢？因爲只解不去證，就永遠也到不了，但是你如果解一分就去行一分，是不是就像左手和右手那麼近？這個距離是眞是假？其實是虛幻的，不存在遠近，解了馬上就去行，行了自然就證了。

比如當下清洗這個杯子，你明白了要用一個有效的方法清除這個污染，這是你明白了，但是你用的方法不得當，應該用洗碗精、用抹布，但你卻用了別的東西，結果越擦越髒，方法不對就不行，所以方法要正確。那麼理解的正確、智慧的正確是當下的，你清一分它就光明一分，你隨清它就隨光明，當所有的污垢去除了，光明就徹底恢復本來了，所以叫當下、同時的，但是必須是行解相應，兩個必須是同步的。

問：有可能用時間量化嗎？

答：想要用時間量化的一定是學數學或學物理的。心性的改變非時間和空間可以量度，所以想要量化的佛教方法，都可以打個大大的問號。這些方法號稱不管什麼樣根性，打坐一千個小時，就能夠得到初果阿羅漢，胡說八道。說念一個咒子就可以得到一個什麼結果，胡說八道。心性的本體無大小、無方圓、無青白、無顏色可以去量，無大小體積可以去框範的，所以那些都不能量化，量化了一定有問題。但是又反過頭來說，對於一種心力極弱而又本身很懈怠的人，需要一個量化，爲什麼？因爲他需要一條拴狗的繩子，得強行遛著他才行。所以佛教所有這些修行方法給你制訂一個量化的修行，就是針對本身很懶惰而心力不強的人安立的，就像遛狗的時候綁著小狗不能去隨便咬人。又像牧童牧牛，拿個鞭子，聽話就牽著走，不聽話就抽一抽，等到把牛訓練純熟了，鞭子就丟掉了，牧童都可以坐在牛背上吹笛子了，那就是牧牛圖。

問：第十七品須菩提的發問和第一品發問有什麼區別？

答：我剛才已經推薦了美國居士沈家楨寫的《金剛經的研究》那本書，有什麼區別？在我看來，沒什麼太大區別。

問：請師父講一下您證悟的過程和證時的感受。

答：我有一篇博客（部落格）文章，講的是關於六道輪迴的事情。那是在一九九二年的事，我那時關節炎很厲害，就到承德一個叫平泉的地方去泡溫泉。那還是日本人侵華時期修的一個溫泉。實際上就一個小池子，水就這麼一點兒深，越泡我上身越冷，於是就離開了。我故意沒走縣城的大路而是走一個大山路，那時候正一直在想六道輪迴的事情，雖然還沒有信仰，但是我就在想著六道輪迴，怎麼也想不明白。說是有鬼，我從來沒有見過，不信；說有天人我也不信，什麼都不信，走著走著我迷路了，只好推著自行車，上了那個山頂。下午三點左右，我記得很清楚，那時候南方早已春花爛漫了。我們老家冷，通常陽面花開了，但是陰面雪還沒化淨呢！可是我看見雪中的映山紅全開了，紫色的、紅色的、粉色的……

突然那一剎那，就我自己在大山頂上，輪迴我竟明白了。當時我狂喜得不得了，把自行車一丟，跑到雪中，採了一大捧映山紅，就那一下子好像我明白六道輪迴是怎麼回事了。你看，綠樹歸綠樹、小鳥歸小鳥、微風歸微風、山花歸山花、白雪歸白雪，一切儼然現前，所謂輪迴就是怎麼樣？變化而已。只不過這個能的載體，質、形象變了，但是那個東西本體，沒有增、沒有減、沒有垢、沒有淨，一下子《心經》上說不垢、不淨、不增、不減、不來、不去，讓我心裏特別通透，特別開心。一路推著自行車，連滾帶爬地下來，一點都不覺得煩惱，這是一次經歷。

還有一次是一九九九年在懷柔鄉水湖長城。我剛從中日友好醫院出院，胃出血，於是到那裏去養病。我那個山上沒有電，新開的景區就五間破房子，一口大炕，一口鍋。我也什麼都沒帶，每天就是打坐。從長城頂上看過去，七八重山之外也很巍峨，於是天天看。突然有一天，在下午的山頂上，看到了一大片雲彩。你就看那個雲彩，聚聚聚，不知道從哪來，越聚越壯觀，莫名其妙地又一下子消失了，無所從來亦無所去，無所從來，你不知道從虛空中哪裡生的雲彩，也沒有辦法去測量它的高度；也無所從去，我一下子就有了一種感悟，那心念呢？心沒有來處，也沒有去處。發現心念也是如此，當時就特別狂喜，馬上下山給南（懷瑾）先生打電話。因爲這個問題我沒有辦法請教別人，他在香港，就約我到香港去見他。所以從那之後就滿開心的了，至於是不是證悟呢，我也不敢說，一點兒感悟而已！

問：證了之後是否還有迷的時候？

答：有。被煩惱壓得不想玩的時候就迷了，還是有的，叫悟後迷，還是有的。

問：修行到什麼程度會出現各種神通？傳說中的各神通可證嗎？

答：有的可證，有的不可證。在修禪定的狀態下專門可以來修神通，但是神通是修行的副產品，不是修行的目的。可是氣功、特異功能大師把神通當成道果，大錯特錯，本末倒置。如果說用神通和智慧來比較，神通就是一棵萬丈高樹上那一片枯黃的爛葉子，那就是修行的副產品，所以佛在《楞嚴經》給這些所有追求神通的修行人也授了記，叫什麼記？弟子與師均陷王難，全都會被法律所制裁。所以佛陀以佛眼觀之，以他慧眼觀之，他是現量認知，所以沒有變化，三千年來一向如此。

問：聽了您幾天的講解感覺很好，但是沒有具體的問題要問，沒有問題是否就是最大的問題？

答：唉，這叫「菩薩不開口諸佛難下手」。當年暹羅也就是現在的泰國不想朝貢，拒絕向這個宋朝納貢稱臣，便派了使者來說我設一個問題，如果你大宋能回答得了，我就稱臣納貢，沒有，我貢品帶走，我也拒絕以附屬國來自稱。當時的皇帝趙匡胤就想了一個高明的辦法，讓一個衛隊裏邊最笨的一個人去應對。人家問：如何是佛法？他伸出一個指頭，哇，那個人說高啊，中原確實有高人。實際上這武士是說：我一概不知，但是他拒絕跟他辯，於是他伸一個指頭。然後使者又問：那麼中原的佛法和我們泰國的佛法有什麼差異呀？他就一擺手，意思是：哎呀別問我，這麼高深的學我哪裡知道呀，然後使者說：哎呀你真是明白，你看有即是無，無即是有。問題就被武士這樣化解了。你沒有問題說明你正在思索，但這思索，思而沒有透，在那個惘然的狀態，有點開竅，但是又沒有全通，就是這個境界，所以還得繼續往上走。

問：那請問師父一個凡夫如何能皈依成爲居士，如何才能成爲一個合格的居士，一個居士到什麼時候可以像您一樣講法，如何皈依師父您？

答：太好了，這個問題我很願意回答。一個凡夫如何能皈依成爲居士？任何一個人只要他願意，都可以成爲居士。居士的意思是居家學佛之士都叫居士，所以任何一個人只要願意都可以成爲居士。

如何才能成爲一個合格的居士？成爲一個居士很容易，皈依佛、皈依法、皈依僧，三句就可以了，你已經就是居士了。但是要成爲一個合格的居士，五戒是安身立命之法——不殺生、不偷盜、不邪淫、不妄語、不吸食痲醉品，才是合格的居士。

一個居士到什麼時候可以像我一樣講法？出家呀，肯定的，眞心覺悟對不對，佛法的弘揚到底是靠大學教授弘揚，還是靠和尚弘揚更有特色？大學教授的身分來出家做和尚才好，對不對？我的親身經驗是，很多人瞧不起和尚，形容和尚爲「五失之人」，失職，失業，失戀，失意，失趣，趣味的趣。

一般人認爲這五失之人才有資格做和尚，但實際上當凡夫知道，哇，原來他是某某大學的教授、某某大學的高材生出家做和尚了，就肅然起敬。很有意思。一個乞丐成爲佛，大家不會信他，但釋迦牟尼從一個太子成爲佛，大家都接受他。所以每一尊佛在選擇出家的時候，投胎的那個時候，他都選擇出身的那個家族，他選擇地位呀、名望啊、德行啊，這個是不是積善之家呀，所以佛陀選的全是這樣，所以叫「八相成道」，每一尊佛來到人間，有八個共同的相，其中就是出家這個相，就是選擇出生的這個家族很重要的。

那如何皈依師父？我有三個標準，簡稱「奘三條」。第一個，合法月收入的百分之一無條件的服務回饋社會，容不容易？特別容易，連在校大學生也做得到。百分之一，家裏給你寄一百塊錢，少吃一根冰棍也省出一塊錢了，一定要堅持每月去做，提醒你每月要有責任，爲社會、爲他人負責任。第二條，每週三個小時，以身佈施，做義工服務社會，也很容易，是嗎？必須得去做。第三個條件，每天打坐十五分鐘，這個打坐不准看經、不准聽音樂、不准冥想、不准做這個任何瑜伽動作，就是閉目打坐，完完全全的，不知道大家認爲容不容易。

這「奘三條」我「騙」了很多的人，人家乍一聽，哎呀奘師，太簡單了，但我的入學條件有點像美國的大學，進去很容易，做起來很難很難。爲什麼難？打坐容易，堅持就好，每天十五分鐘，一旦你願意了很容易做到。每月收入的百分之一去服務別人，也很容易，但是最難的是第二條，你到一個飯店去代替門童去，估計會引發社會問題，你代替他三個小時，也許這個門童被開除，這是社會問題。一個人的自我，我執與法執，都是難的。你只有身體力行才知道，有的時候你抱著一腔熱血去服務別人，人家卻把你罵得狗血噴頭。但是我相信只要你願意就是很容易的。

問：師父，如果在日常生活中容易生起嗔心該怎麼辦？儘管知道自他不應有分別，但是自動就生起分別心了，該怎樣修行來改正？

答：我問你是男眾還是女眾？（紙條提問）女眾。你隨身總背著一個化妝包吧，帶一個小鏡子，一生起氣的時候，先別指責別人，先別沮喪著懲罰自己，先拿那小鏡子照照。哎呀，我這麼醜，是因爲生氣才醜還是我本來就醜，我本來很漂亮的，怎麼一生氣就這樣子，母夜叉一樣。但是不能照久，不要超過五分鐘，千萬不要超過五分鐘，超過五分鐘會開始絕望。這個方法很有效。所以你們看我那「清淨行提唱」裏邊，有一個和平協議書，兄弟之間、夫妻之間、姊妹之間、同學之間，簽訂一個和平協議書。一旦對方讓我生氣、我讓對方生氣，我們保證不讓這個生氣過到第二天去，一定當場解決。但是萬一有一方很生氣，尤其夫婦吵架，怎麼辦？趕緊看看和平協議書，當年是怎樣簽定的，退一下，不要把這個嗔恨往下推延了。然後隨著修行的深入，慢慢地會了解，所有的痛苦、煩惱，完全來自於我自己，跟外界跟他人毫無瓜葛，這就是一個修行人。

所以看《金剛經》裏忍辱仙人被歌利王節節割截，沒有我相、人相、眾生相、壽者相，如果有我相、人相、眾生相、壽者相就會生出嗔恨，你無我了，自然就沒他了，對不對？沒有他了，又有誰讓我煩惱呢，「士爲知己者死，女爲悅己者容」，我因爲喜歡我的人不喜歡我了，我就絕望了，是吧？都是爲他。

問：請問現在的中國佛教與佛教剛傳入中國之時佛教有何差別？

答：哎呀，有巨大巨大的差別，巨大差別就是清規、戒律的雙軌制，也就是中國特色的佛教。什麼叫清規、戒律的雙軌制呢？在印度的佛教，只有佛制定的戒律，沒有所謂的清規，無論是根本戒、微細戒，還是方便戒，都是佛陀制定的，國王、政府沒有做任何改變，這個祖師們只在法義上有闡述、有發展、有不同，在戒律上沒有什麼差異。但是來到中國了，比如說印度教，托缽乞食，但是漢明帝把del摩騰、竺法蘭請到中國來，來到洛陽，把自己讀書的清涼台捨給他們，稱爲白馬寺，皇帝請來的國師怎麼能去做乞丐呢？絕對不允許。好，接受供養，吃飯問題從托缽乞食變成接受供養；住所上，因爲印度熱，人都是隨便走，哪裡都能住，那到中國得定居，有了寺嘛，就定居；然後慢慢地發展了清規，原來比丘是不能做勞動的，好多活是不幹的，比如種地。但是到了唐代《百丈清規》一確定，一日不做，一日不食，徹底地給改造了。比如托缽乞食，早晨一餐，中午一餐，過了日偏午便再也不能吃任何帶渣的東西，渴了可以喝水。但是來到漢地從梁武帝開始吃素、吃三餐、吃宵夜，所以有了各方面的改造。

然後在原始的佛教裏沒有這麼多的禮儀，一個弟子來跟師父出家，好，師父也不需要你改什麼法名，你原來叫什麼就叫什麼，沒有起法名這一說。但中國的禮儀很重，不但有族譜還有一個家譜，念經方式也完全按照中國的上朝制度來規定，在印度沒有念經這一說，就是打坐，要念得非常簡單，就是每天托鉢的時候跟大家說四句話，二十個字，「所謂佈施者，必獲其利益，若爲樂故施，後必得安樂」。有的時候更加簡單，叫「善哉！善哉！」「Sadhu！Sadhu！Sadhu！」三聲夠了，這就是一個比丘。

但到了中國，你看我們念經，文臣在這邊，武將在那邊，然後佛在中間，跟皇帝上朝有沒有兩樣？完全是禮儀化的，現在的佛教已經是被中國徹底改造過了的，已經跟原始佛教、跟印度佛教有了很大的不同，無論從形式上、從法義上、從教團的組織、從教義的闡述、從經典的傳承、從僧人的形象、從飲食的規定完全都變了。但是有一個根本不變的，就是戒定慧，這個沒有變過。中國人太聰明了，把佛的戒用祖師的清規供起來，所以我們現在寺廟的管理辦法、僧團的日常生活方式用的是清規而不是戒律。我們的戒律基本是供起來，如果按照印度的戒，那我們現在和尚幾乎百分之九十九點九都在犯戒，所以我們用的是清規。

我有一次前往泰國，帶了一個手錶，那南傳的和尚一看我這樣馬上跟我比手畫腳，我知道他的意思，趕緊摘下來擱兜兒裏，哎呀，特別不好意思。「不執持金銀寶物」嘛，南傳的和尚他不拿錢也不帶這些東西的，戴這個金屬的錶，不可以的，犯戒了。下車後，陪我的一個是曼谷的女弟子，還一個是香港的女弟子，兩人給我做翻譯，一下車她倆走在我前邊，那個泰國的和尚馬上要我走在前邊，她們倆不但要離開我走在我後邊，還要離開我一米之外做翻譯，如果她倆走在我前面也離著一米之內，那麼南傳和尚馬上指著我，搞得我也怪不好意思的。所以我們這裏很多是清規，而不是戒律。

請大家跟我合掌
願消三障諸煩惱
願得智慧真明瞭
普願罪障悉消除
世世常行菩薩道
普願一切見者聞者聽者
遠離痛苦之因、痛苦之緣、痛苦之業
普願一切見者聞者聽者
建立解脫之因、解脫之緣、解脫之業
普願一切見者聞者聽者
快樂安詳得以解脫
願一切眾生

快樂安詳得以解脫
願一切眾生
快樂安詳得以解脫
願一切眾生
快樂安詳得以解脫

第十八品

一體同觀分

請大家合掌
南無本師釋迦牟尼佛
南無本師釋迦牟尼佛
南無本師釋迦牟尼佛
無上甚深微妙法
百千萬劫難遭遇
我今見聞得受持
願解如來真實意

「須菩提！於意云何？如來有肉眼不？」

「如是，世尊！如來有肉眼。」

「須菩提！於意云何？如來有天眼不？」

「如是，世尊！如來有天眼。」

「須菩提！於意云何？如來有慧眼不？」

「如是，世尊！如來有慧眼。」

「須菩提！於意云何？如來有法眼不？」

「如是，世尊！如來有法眼。」

「須菩提！於意云何？如來有佛眼不？」

「如是，世尊！如來有佛眼。」

「須菩提！於意云何？恒河中所有沙，佛說是沙不？」

「如是，世尊！如來說是沙。」

「須菩提！於意云何？如一恒河中所有沙，有如是沙等恒河，是諸恒河所有沙數，佛世界如是，寧為多不？」「甚多，世尊！」佛告須菩提：「爾所國土中，所有眾生，若干種心，如來悉知。何以故？如來說：諸心皆為非心，是名為心。所以者何？須菩提！過去心不可得，現在心不可得，未來心不可得。」

這一段，一體同觀分，有的時候也是佛教中神通的一個很重要的標誌，我們修行修來修去，起碼在我們沒有全面、正面、圓滿地了解佛教的時候，我們都以為佛是什麼樣的？絕對是一個最強的超人，頂尖級的超人，他什麼能量都有，什麼本領都有，是吧？比如你給他磕三個頭保佑你一年平安；有的人死了，他能起死回生；有的人窮了，磕個頭燒香供養供養，上上供，然後就能發財。很多人都是這麼認爲的。在我們一般沒有正面了解的時候，就是這樣。這裏面我們看看，佛所說的五眼都是什麼東西？如來有肉眼不？有，爲什麼如來有肉眼而不是有雞眼？佛是在雞中成佛還是人中成佛？因爲佛在人中成佛，所以就必然的人應該有的一切他都有，這也是佛法的特殊殊妙之處，讓我們普通人能夠生起最大的信心。

因爲佛陀他是從一個普通的凡夫修行證道成爲佛陀覺者，然後我們可以見賢而思齊，他能做到的我們也能做到，所以佛陀有肉眼。那麼如來有天眼不？當然有天眼。什麼叫做天眼呢？佛教講三明六通。六通是天眼通、天耳通、他心通、宿命通、神足通和漏盡通。一般人修行打坐最容易生起的就是天眼通。坐到這裏你說看到一個影像，又沒有睜開眼睛，但是這個影像又不是幻象，若有若無，大家有沒有過這個感覺？甚至你沒有打坐，也能有這個感覺，好像某種事完全在眼前一樣，這就叫天眼。

我的老師公是高閔寺虛雲老和尚，他老人家一生眞叫受盡九磨十難，活了一百二十歲，經歷了四朝五帝，什麼苦都吃過了。他要去揚州高閔寺打禪七，結果走到岸邊上，山水突然暴漲，洪水一下子就把他裹在裏面，竟然沒有死，被打魚的給撈上來了。人家一看，這不是山上的和尚嘛，就把他送到廟裏來，和尚把泥巴從他的嘴裏、鼻孔裏摳出去，做了人工呼吸老和尚竟然活過來了。活過來就到高閔寺打禪七。後期的佛教禪宗規矩可能是最多的，寺裏知道虛雲老和尚的德行很深，名望也很高，就請他做執事，他不幹，不幹呢就按禪宗規矩打，用香板打。而那個時候他剛被救上來不久，身體還沒有復元，小便都便血。他也沒有說他的身體情況，他就挨打，打完了便血更加厲害，但仍舊打坐。禪宗打坐叫告生死假。如果在禪堂裏就死掉了，是非常光榮的。有人死得重於泰山，那就是在禪堂死的，有的人死得輕於鴻毛，那就是在煩惱中死的。

這樣坐到大概第三個禮拜之後，整個身體通透了，所有病都沒了，小便便血也停下來了。到了第五個禮拜，夜間那個時候，那個時代晚上是點蠟燭的，他去小便，突然清清楚楚地看到碼頭上上船、下船的、背圓包的、背麻袋的，他立刻知道這是開了天眼了。因爲碼頭離寺院離得好遠好遠，但是他並沒跟任何人說。到了他一百一十多歲的時候才開始跟人家說，已經是他得到這個神通五十年之後了。天眼通，如睹白晝。

佛陀有一個堂弟叫阿那律，後來也跟佛陀出家了，他很懶，一聽佛講法就會睡著。佛陀有一次罵他：「哎呀！像你這樣子要出家，還修什麼道呀？將來就做豬吧！」因為貪睡的人將來就有可能做豬，是指下一生，不是指這一生，有可能。因為依照這個生命業力的走向，貪睡嗜睡，就會感應是那樣的一個報應之身。於是阿那律就發憤圖強，結果精進得眼睛瞎了。但是，佛陀教給他一種「火光智慧三昧」的修定方法。結果他觀察我們這個三千大千世界，就像看手中的一個小蘋果一樣清楚。肉眼雖瞎了，但是他天眼卻很厲害。

現在我們如何來區分正常的天眼，與僅僅是特異功能的天眼呢？天眼通，佛教有、婆羅門教有、印度教有、耆那教有、道教有、乃至練特異功能也可能有，這是共法。但是佛教特有的「天眼明」是不共法，不共就是他們只有這個神通，卻沒有明，「明」是什麼意思？「明」就是可用可不用，他要是用就有，不用他也不顯擺，這就是「明」。

「如是，世尊！如來有天眼。」「須菩提！於意云何？如來有慧眼不？」大家都知道慧眼才能識英雄。沒有伯樂的慧眼哪有千里馬，藺相如不惜把和氏璧砸了也不讓秦王得到，這就是慧眼。特殊的技能也是慧眼之一，好比說中國話叫「七十二行，行行出狀元」。中央台好像播過一檔節目，講的是內蒙古的一個員警，僅看一雙腳印，就能抓住罪犯，判出這個案子來。他就有這個慧眼，一看腳印就知道這個犯人身高是多少，體重多少，心態什麼樣。那心態能看出來嗎？不妨測試一下，大家都用毛筆字抄《心經》，二百六十個字，我們在座八十人，每人用毛筆抄一遍，然後拿出去給陌生人看，他們一定能看出你抄寫時的心態，你做任何事情，你那個心力都是灌注在那個事情當下的，沒有任何神祕的，人離開心就活不了，所以你心若煩惱，你做事情時，烙印就打在那個事情上。所以比量認知叫算，現量認知叫慧眼，馬上就感知得到，所以如來當然有慧眼。

如來有沒有法眼呢？「法眼」是什麼？看佛經經常說的法眼淨，就是正確地認知了諸法的實相，叫做法眼。這可不是法律專家的眼。那麼佛呢？還有不共的，叫佛眼。中國的禪宗史上，在宋朝有著名的三佛禪師，就是佛果克勤禪師、佛眼清遠禪師和佛鑑慧勤禪師，他們就是一個師父教了三個徒弟，分別叫佛眼、佛果、佛鑑，非常厲害！這三個禪師振興了禪宗。

那什麼叫做「佛眼」？

有一天蘇東坡到了鎮江金山寺，跟佛印禪師打賭，兩個人互相形容，蘇東坡對佛印禪師說你就是個驢糞，佛印禪師說在我眼裏你就是一尊佛，蘇東坡高高興興地回家，跟蘇小妹說：今天那老和尚又輸了，敗下陣來。蘇小妹說：哥哥你才傻呢，你心裏裝了糞，所以你看誰都是糞。佛印禪師眼裏裝了佛，所以他看天下都是佛。

以佛眼觀之，天下一切都是佛；以煩眼觀之天下都是煩。實際上當我們內心煩惱的時候，我們就是這個世界最大的污染源。但是反過來，當我們內心平和，像蓮花一樣芬芳綻放的時候，散發出戒的光明、定的光明、慈悲的光明、智慧的光明的時候，你什麼

話都不需要說，自然所有人都會尊重你。很多時候你只要以身作則，只要遵守就夠了，而不必去約束別人，行動的力量勝於宣傳的力量。

現在問題是太多的佛教徒不懂得這個道理，逮著什麼人都抓過來，動員、宣傳，總想度眾生。所以吃素成爲積功累德的方法，放生成爲積功累德的方法，念佛成爲積功累德的方法，幫助他人全都抱著爲自己謀福利的狹隘的功德心理。這樣的佛教，這樣的佛教徒，經常引起社會的憤慨。

須菩提，那你又怎麼說呢？恒河中所有的沙，佛說是不是沙？「如是，世尊！如來說是沙」。所以佛法並不壞世間相。《楞嚴經》裏面佛說「如蒸沙石，欲其成飯，縱經塵劫，終不可得」。也就是說，你想要做大米飯，把一堆沙子從河裏去撈出來，擱到飯鍋裏面燒啊、燒啊，縱然會經過像塵土那麼多個劫，燒來燒去，怎麼樣？沙子還是沙子。

「須菩提！於意云何？如一恒河中所有沙」，我們已經說過了，一個恒河中細沙無量，「有如是沙等恒河」，又有那麼多細沙一樣的恒河，「是諸恒河所有沙數，佛世界如是」，佛的世界這麼多，可以數、可以量嗎？數不出來，量不出來。「寧為多不？甚多，世尊。」當然是太多太多了，佛告訴須菩提，就像這麼多的佛土中的「所有眾生，若干種心，如來悉知」，無一遺漏，全都知道，「何以故」？如來知道「諸心皆為非心，是名為心」。有沒有叫做心的東西呢？沒有！但是我心痛，你傷了我的心，整天那樣說，是不是？心是名爲心，「所以者何？」問題在這兒了，「須菩提！過去心不可得，現在心不可得，未來心不可得。」也就是時間上的過去、現在、未來，都不可得，爲什麼叫不可得？是自己給自己下的定義，還是佛下的定義？還是事情本身就是如是？想想過去的心可得嗎？一生中有多少個事情你能記得？

那對正在經歷的事情，有些人也在犯著糊塗呢！有一個科學數據，說人爲的災害百分之七十五是源於人類的瞬間麻痹。失念，他的念頭失去了。瞬間的大腦失控，就失去記憶。那未來的心更不可得，誰能算出明天會發生什麼事？算不出來。那麼不管是過去心，現在心還是未來心，遵從一個什麼法則？無常法則。生起來就消失，所以如來能不能悉知這樣一個生起來就消失的心？佛陀說了，如來悉知。他若不能就麻煩了，那麼如來的佛眼、法眼、慧眼、天眼、人眼就都不起作用了，所以如來悉知。

爲什麼悉知？因爲不管是大妄想、小妄想、過去心、現在心和未來心，都遵從無常法則，那佛陀不需要知道它的消失和生起，因爲他知道生起就消失。不管什麼樣的妄念，你坐下來哪怕一個小時了，還都是心猿意馬的心，沒關係；七上八下的心，沒關係；輾轉騰挪的心，沒關係。無論怎麼輾轉騰挪生起來都會消失，這個是不變的，無常法則。掌握了這個，你的心當然就越來越安靜。

著名的禪宗叫「臨濟棒，德山喝」，也叫做「德山棒，臨濟喝」。

德山禪師是四川人，姓周，注解《金剛經》做了一本書，叫《青龍書抄》。他聽說江西和湖南那些地方禪宗興盛，不但燒佛經，和尚們還喝佛罵祖，他認爲這些是魔子，便擔著《青龍書抄》，要去剿滅這些魔子魔孫。到了龍潭旁邊，大概在湖南吧，有個三岔路口，餓了，有個老婆子在那兒賣點心。那時一個出家人在行頭陀行的時候，要隨身帶十八件東西：濾水囊（我們那天講過了，喝水不能用天眼，要過濾水）、鉢、一個小佛像、一個小香爐、隨身用的衣服、簡單的坐具，就是一個像床單一樣的東西。一個禪杖化緣用的，化緣時在人家門口，不能進門的，「噹噹噹」，不能少於三聲，不能超過三聲，就三聲，人家不給就算了，停一會兒再走。所以十八件物品的擔子隨身挑著，或者背著一個背架子。

現在我們到江西、雲南，這些和尚們有時候還用那個背架子。他把擔子一放，對老阿婆說：我餓了，買點兒點心。老阿婆說：大德呀，你擔子裏挑的什麼？挑的《青龍書抄》，注解《金剛經》的。《金剛經》說的是啥？這還用說，《金剛經》講佛法呀！那我請問你《金剛經》裏說的那個道理，如果你答出來我免費送你點心，如果答不出來，對不起，給錢我也不賣。大德我且問你，《金剛經》說過去心不可得，現在心不可得，未來心不可得，請問大德你點的哪個心呢？德山禪師一聽啞了，但他是很有悟性的人，馬上問阿婆：該怎麼辦？老婆子說：照這方向走，且直去。好，挑著擔子就走，不吃了。到了龍潭崇信禪師那裏，大喊三聲「龍潭、龍潭、龍潭」，龍潭禪師不理他。德山禪師一看他不理他，也不扭揑，而是直率而言：久向龍潭，及乎到來，潭又不見，龍又不現。這時他已不是剿滅魔子魔孫的態度了，而是嚮往之心了，詞變了。老和尚門簾一挑，「許你了。」「好」！德山法師把擔子放下便一直跟著龍潭禪師，但龍潭禪師什麼都不教他，不教他佛法，也不跟他辯論，就是默不做聲，你愛怎麼就怎麼。

有一天，德山也急了，我來這麼久了，你也不教我佛法？龍潭禪師說：「去，給我火灰扒拉扒拉！」那時南方天冷時是燒炭的，德山禪師下了床，拿草棍一扒拉，在那個灰燼裏面露出一點點的亮光，然後龍潭禪師跟他說：「慢慢撥，慢慢找，還是有一些。」德山禪師豁然有醒，似乎什麼東西觸動了他心裏深層的悟性，但是還沒有太明白，過一會兒說：「天黑了，師父你送我回去吧！」「天黑了，你自己回去吧！」「天黑了我不敢回去。」「那我這兒有燈。」點著了，德山一接，那老和尚卻「噗」一口吹滅了，德山竟豁然大悟。

德山禪師得悟得因緣，竟是這樣悟的。有沒有意思？實在是像講天書，不但是天書，還是評書，就差驚堂木一拍，明白了嗎？沒有。禪宗就是這樣，不立文字，教外別傳。這一下子，好，第二天便悟了，德山禪師把《青龍書抄》擱到大殿前燒了，別人問：師兄怎麼能燒呢？這是你花費了十八年的心血注解怎麼能燒呢？他說：「窮諸玄辯，若一毫置於太虛；竭世樞機，似一滴投於巨壑！」窮諸玄辯，把你的那個玄辯的口若懸河的那種辯才，然後怎麼樣？若一根毫毛置在太虛空中那麼樣。你把你全世界的這個樞機、辯論呀、想像呀，「似一滴投於巨壑」，像把一滴水投入無邊無盡的大海中一樣。從此龍潭禪師說這小子將來山頂上喝佛罵祖去也，德山棒子就是這樣子出來了，掄一條大棒，逢人即打，成爲中國一個了不起的大禪師。

那我們來體會，三心不可得。放下執取，就這麼簡單，放下即是。我們所有的煩惱，有百分之四十二來自於對過去痛苦的回憶，有百分之三十來自於對未來沒有發生的焦慮和擔憂，煩惱總共占了百分之七十二。還有百分之四來自當下正在經歷的無可奈何的事情。還有百分之四是日常生活中你根本就無可改變的事情。還剩百分之二十。就是那些個非人力所能控制的自然法則，比如太陽要升，誰能改變它？誰也改變不了。那我們的煩惱來自這麼多層面，過去心百分之四十二不可得，未來心百分之三十不可得，當下的不可改變的事情百分之四不可得，那還有煩惱嗎？各位說還有嗎？

我們來慢慢體味，最關鍵的是我們從打坐中去體味。一般人想像打坐該是這樣，空心靜坐，那跟木頭無異，跟石頭無異，那門前的石獅子早就成佛了。所以坐在這裏要思維修。但不是溫習功課那樣，跟儒家所說的「學而時習之，溫故而知新」不一樣，你不是在這兒過電影，是在這兒正思維。當下體會的進入那個境界，千萬別在這兒顢頇過去，爲什麼是過去心不可得？因爲過去心已過，當然不可得，這就叫做第六意識心來參禪，沒有用。所以德山禪師要是在，肯定三十棒打下去，當下，過去心不可得，剛才痛現在還是痛，但是現在的痛跟剛才的痛絕對不是一個痛，就叫過去心不可得。你能夠隨時隨地生起這個，剛才的妄想和現在的妄想不是一個，過去心不可得，當下即是。修定、修慧跟修知識完全不一樣的。

請大家跟我合掌
願消三障諸煩惱
願得智慧真明瞭
普願罪障悉消除
世世常行菩薩道
普願一切見者聞者聽者
遠離痛苦之因、痛苦之緣、痛苦之業
普願一切見者聞者聽者
建立解脫之因、解脫之緣、解脫之業
普願一切見者聞者聽者
快樂安詳得以解脫
願一切眾生
快樂安詳得以解脫
願一切眾生
快樂安詳得以解脫
願一切眾生
快樂安詳得以解脫

第十九品

法界通分分

請大家合掌
南無本師釋迦牟尼佛
南無本師釋迦牟尼佛
南無本師釋迦牟尼佛
無上甚深微妙法
百千萬劫難遭遇
我今見聞得受持
願解如來真實意

「須菩提！於意云何？若有人滿三千大千世界七寶以用佈施，是人以是因緣，得福多不？」「如是，世尊！此人以是因緣，得福甚多。」「須菩提！若福德有實，如來不說得福德多；以福德無故，如來說得福德多。」

如果用《地藏經》的說法這叫較量佈施功德，就是比較一下修這樣的方法和佈施的功德大小而已。須菩提，你怎麼樣想呢？如果有人滿三千大千世界七寶用來佈施，世人因爲這個因緣做這件事得福夠不夠多呢？如是，世尊，此人因爲做這件事得福當然很多很多。須菩提，要知道福德如果是實實在在的有實體的，如來就不說福德多了，爲什麼呢？因爲福德本無實體，所以如來佛假名爲福德多。

那麼在《地藏經》裏面專門有較量功德品，較量佈施功德品。有人做了一件善事，希望自己萬古流芳，把自己的善事刻在岩石上。大家想想看他能萬古流芳多久？看看巴米揚大佛就知道了，這座著名的雕塑肯定不是普通老百姓所能做成的，或是集皇家之力，或是集大富長者力，或是集眾人之力，希望永垂不朽，但是塔利班一入主，巴米揚大佛還是照樣炸了。有人做了善事，把它刻在沙灘上，海水一漲潮，隨著潮水退去，還會被人記住嗎？有沒有消失呢？沒有消失。有人做了善事根本不留姓名，沒人知道他做過善事，他把這個善事放在哪裡了？放在海水中了。

大家想想看，哪個功德更大？大海不增不減，是不是？他差不多進入了無爲法的狀態。刻在岩石上，只是一時之用，有人捨一得萬報，有人捨一得一報，你佈施了，做了一件事，只是自己一生得到一種力量，有人做了一件小事，卻讓他得到了無窮盡的生命。

這裏有一個例子：

佛陀時代，有個老阿姨是乞丐，眼睛也有些壞了。一天看到大家爭前恐後到精舍去看佛陀，拿花的拿花，拿水果的拿水果，拿牛奶的拿牛奶，拿酥糜的拿酥糜，她問你們都去幹嘛？別人說佛陀來到我們國家了，我們要去供養他，他是人天導師，很難得的！見他一下有無量的功德，聽他講佛法可以熄滅煩惱。

老阿姨就說我也要去，但是看到人家手裏都拿了東西，她沒有，她就跟人家乞討了兩個銅錢，去打油，但這點兒錢打的油太少了，賣油的店主一看，你這樣子去幹嘛呀？她說我剛剛討了兩個銅錢，想要去供養佛陀，店主說：好吧，我再隨喜你一下，多給你兩個銅錢的油。老阿婆拿著這個到了精舍，點著了，跟所有的燈放在一起。

到了深夜，講完佛法了，禪修完了，大家各自散了，佛陀便讓神通第一的目犍連去把所有燈都滅了。其他的燈都滅了，但老阿姨這個燈卻怎麼吹也吹不滅，人力不行，就用神通力吹，還是滅不掉，用風去滅，風越大那個燈越強，然後用罩，用什麼罩都能透出來，最後無可奈何地回來問佛陀，爲什麼她的燈會這樣？

佛陀說這個老阿婆是一念至誠之心，沒有任何別的想法，所以她的一即是無量。她沒有爲自己求任何東西，就是做一件當下的純善之事，三輪體空，所以她的功德是無量的。那我們看實際上這裏邊在在處處都有提到修學的《金剛經》，它的功德是無量無邊的。

請大家跟我合掌

願消三障諸煩惱

願得智慧真明瞭

普願罪障悉消除

世世常行菩薩道

普願一切見者聞者聽者

遠離痛苦之因、痛苦之緣、痛苦之業

普願一切見者聞者聽者

建立解脫之因、解脫之緣、解脫之業

普願一切見者聞者聽者

快樂安詳得以解脫

願一切眾生

快樂安詳得以解脫

願一切眾生

快樂安詳得以解脫

願一切眾生

快樂安詳得以解脫

第二十品

離色離相分

請大家合掌
南無本師釋迦牟尼佛
南無本師釋迦牟尼佛
南無本師釋迦牟尼佛
無上甚深微妙法
百千萬劫難遭遇
我今見聞得受持
願解如來真實意

「須菩提！於意云何？佛可以具足色身見？」「不也，世尊！如來不應以具足色身見。何以故？如來說：具足色身，即非具足色身，是名具足色身。」「須菩提！於意云何？如來可以具足諸相見不？」「不也，世尊！如來不應以具足諸相見。何以故？如來說：諸相具足，即非具足，是名諸相具足。」

這一品分得也好，叫離色離相分，我們經常被色相所騙。須菩提，你怎麼樣想呢？那個叫做佛陀的釋迦牟尼可不可以具足色身見呢？不可以，世尊，如來是不應以具足色身見，爲什麼呢？因爲如來說具足色身即非具足色身，是名具足色身。如果你認爲這樣一個色身，三十二大丈夫相，八十隨行好就是佛了，那禪宗的第五代祖師他長的是二十七相，比佛陀差了五相。

禪宗的第五代祖師，叫弘忍法師，在湖北黃梅東山五祖寺，他前生是個栽松道長，活的年歲很大。四祖道信禪師回到黃梅，在西山雙峰山講法，他本身被唐太宗封爲大醫禪師，醫術又很高，神通也很大，但是他的佛法卻無人傳承。因爲黃梅那個地方到現在也一樣，是佛、道在一起的，但關係卻非常融洽，沒有像別處那樣又吵又爭又鬥的。

於是有一天，栽松道長說：「禪師，我想跟你學佛法，承擔你這個法力。」然後四祖說：不行，你老人家太老了，不適合了，你說咱倆要一出去，剃了頭，剃了鬍子，人家管你叫師父還是管我叫師父？栽松道長說：那你說怎麼辦吧？道信禪師說：除非你換個身子再來。栽松道長說：好，那你等我，就走了。栽松道長走到一個水很大的江邊，看到一個十幾歲的小女孩正在洗衣服呢！栽松道長說：「女娃子，我想跟你討個住處。」小女孩說這不行，要討住處得我父母同意，栽松道長說：沒關係，只要你同意就行，你只要答應一聲，我再去找你父母就行，小女孩說：那行，我當然答應了，我父母在那兒呢，你去找吧。好，這一答栽松道長便在小女孩身上投胎了，這一投胎壞了，未婚有孕會被族長處罰的，得被浸豬籠。結果眞把她浸到豬籠了，但莫名其妙地又從水裏漂出來了。這個女孩子一想，這孩子肯定是有點來頭，便把孩子生下來了。生下來她又覺得很痛苦，明明自己的德行很清淨，守身如玉的，結果莫名其妙懷孕了，想想後把生下的男孩擱進一個笸籮，放進水裏。南方的竹篋子，本身帶點縫，走走肯定一打進水也就淹死了。可是那個小竹籠子沒有順流而下，居然逆流而上，小女孩一看這個傢伙看來有點來歷，於是又把他養了。

養到七歲，帶著他乞討爲生。這天剛好遇見四祖道信禪師，四祖神通很大，一觀察這個小孩子應該可以來了，因爲佛教准許小孩七歲出家，於是故意到了岸邊，對這個小孩子說：小娃子姓什麼呀？「俗姓即無，佛性即有。」四祖一聽，即知這個孩子很不一般，便跟他媽媽說：把這個小孩子送給我出家，可以嗎？後來武則天封五祖的媽媽為聖母，我們有機會到五祖寺去，專門有個聖母殿，那是武則天親自賜的。

因此說弘忍法師長的是二十七相。所以佛教能夠禪宗中國化，跟五祖有直接關係，六祖如果沒有五祖的鍾煉、付法，不可能開創中國化的禪宗。所以禪宗的興盛完全跟五祖的教化、四祖的傳承直接有關係。但是到集大成者，眞正做出劃時代的這種影響的是六祖。

佛既然不能這樣以具足色身見，那麼再看，「如來可以具足諸相見不？」色身不能見，諸相不能見。「不也，世尊！如來不應以具足諸相見。」為什麼？因為如來說：「諸相具足，即非具足，是名諸相具足。」

依據天臺和華嚴的教理，佛要三大阿僧劫，修福與修慧，百劫種相好，依據教理，從我們現在凡夫開始發心要成佛，要經過三大阿僧劫，也就是按照地球上的年算，所有的生命從有這個地球以來，到這個地球消失，所有的生命累加，再乘上它的無窮盡的方，就叫三大阿僧劫，你說時間該有多長！修那麼久，才能叫修福與修慧。百劫，再拿一百劫，幹嘛呢？修相好，專門修這個滿月相，讓人一看就歡喜。禪宗為什麼有生命力？在於他一下子，一念三千，你一念之間，過去、現在、未來超越了，三大阿僧劫，一念就具足了。所以中國這些好簡的民族個性的人，能夠發揚光大禪宗。

請大家跟我合掌
願消三障諸煩惱
願得智慧真明瞭
普願罪障悉消除
世世常行菩薩道
普願一切見者聞者聽者
遠離痛苦之因、痛苦之緣、痛苦之業
普願一切見者聞者聽者
建立解脫之因、解脫之緣、解脫之業
普願一切見者聞者聽者
快樂安詳得以解脫
願一切眾生
快樂安詳得以解脫
願一切眾生
快樂安詳得以解脫
願一切眾生
快樂安詳得以解脫

第二十一品

非說所說分

請大家合掌
南無本師釋迦牟尼佛
南無本師釋迦牟尼佛
南無本師釋迦牟尼佛
無上甚深微妙法
百千萬劫難遭遇
我今見聞得受持
願解如來真實意

「須菩提！汝勿謂如來作是念：〈我當有所說法。〉莫作是念，何以故？若人言：如來有所說法，即為謗佛，不能解我所說故。須菩提！說法者，無法可說，是名說法。」爾時，慧命須菩提白佛言：「世尊！頗有眾生，於未來世，聞說是法，生信心不？」佛言：「須菩提！彼非眾生，非不眾生。何以故？須菩提！眾生眾生者，如來說非眾生，是名眾生。」

這句話可以用「說法者，無法可說」來高度界定。須菩提，你千萬別認爲如來有這樣的想法：「我當有所說法」，不要這樣想，「莫作是念，何以故」呢？如果有人說如來說了什麼法，你看「即為謗佛」。這一句話嚇死人的，釋迦牟尼說法了嗎？佛教傳了二千五百五十二年，這是實實在在的，建了那麼多的塔，那麼多的寺廟，這不是說法是什麼？到底讓我們這些人怎麼辦呢？把佛經都燒了？到底怎麼樣才是不謗佛呢？大家一定想知道，是不是？那就解佛所說就完了，可一旦解佛所說是不是又謗佛了？既然文以載道，當我們不明白這個道理時是不是還得需要這個文，當我們已經明白的時候，還需要這個東西嗎？對我們是不需要了，可對那些沒明白的人需要嗎？還是需要。

所以現在燒香的、拜佛的、迷信的、放生的、吃素的，有沒有必要？太有必要了。總比去賭博好吧？總比去吸毒好吧？所以千萬不要否定那些迷信的老人們，他們眞的是很了不起，因爲他們拿一生的生命總結出一個經驗：佛法好。佛法怎麼好？阿彌陀佛好，阿彌陀佛怎麼好？沒煩惱。但是你說不能念佛了，阿彌陀佛走了，完了他們煩惱了，所以要允許他們成長，不要苛責他們。當然我們再向上一義諦，所謂向上一招的就是第一義諦，佛法又分勝義諦和俗義諦，勝義諦也叫眞諦，是一法不立，一切皆空。但是俗義諦，是在世俗層面上，爲了讓不明白的人能夠明白，讓看不見的看見，所以需要有塔，有廟，又有光頭和尚，是吧？但是你如果執相而求，怎麼樣？失之千里，非常簡單。就是解佛所說：「須菩提！說法者，無法可說，是名說法」。

有一次須菩提在山洞中靜坐，一個天王下來了，在他身邊撒了很多花，須菩提說你們幹嘛撒花？天王說我們因爲你善說諸法，須菩提說我沒說法啊！天王說你已經說完了，所以我們才撒花。你看天人也跟佛的弟子們鬥機鋒，這就是禪機。說法者無法可說，大家想想看，如果說聽法者無法可聽，可不可以？怎麼叫可以？怎麼叫不可以？你不能把責任都推到老師身上，對不對？什麼都推到老師身上，你聽法者無法可聽，左耳進，右耳出。那就像冬天的鴨子和鵝一樣，水往上一澆，一抖落全落下去了，法不潤心，不要說潤不了心，連身也不潤，相也不潤，那佛教豈不沒有希望了？所以聽法者有法可聽，一旦明白了，便又說說法者無法可說，你亦如是，我亦如是。

六祖當年得了法之後，五祖說：「汝爲第六代祖，善自護念，廣度有情。」你看善自護念，這四個字都是讓我們自己在內心來完成。不明白的時候靠老師、靠文字、靠形象，一旦明白了，善護己念，就這麼簡單。整個金剛經說的這一個事，在我們內心之外別無佛土，別無佛法，別無佛教，只有我們這顆心，但是如何了解這顆心才是問題關鍵，你不了解，說了半天這顆心還是煩惱。

爾時，慧命須菩提白佛言：世尊！如果有一些眾生，於未來世，聽說這個《金剛經》了，聽說這個般若法了，生不生信心呀？佛說：須菩提，那些個聽到這些佛法的人，叫什麼？非眾生，非不眾生，是不是？佛有七能三不能，上帝和造物主叫全能，那麼還有萬能的主，但是佛只有七能三不能。哪三個不能呢？不能轉眾生業，不能轉這個定業，叫定業不可轉；不能盡眾生界；第三個叫不能度無緣之人。

你想想看，那些能夠聽到這些方法，而起了信心的人是眾生還是非眾生？是有緣還是無緣？有緣的聽到了但是不明白，是有緣還是無緣？還是與此法無緣。有些無緣但是內心已經明白了，儘管沒有看到這個經，是有緣還是無緣？是有緣的。所以非眾生，非不眾生，是名眾生。所以「須菩提！眾生眾生者，如來說非眾生，是名眾生」，一切只有個緣起，沒有本體，緣起，只是個因緣法在生滅。

那我再教各位，除了禪修的時候，用觀因緣的方法熄滅煩惱，最關鍵的是，在日常生活中，跟別人發生爭執、爭鬥、麻煩、煩惱起的時候，善良被人誤解，好心被人傷害，在這種痛苦的時候來觀察因緣，叫非誤解、是名誤解，本來就沒有這些，馬上恬淡地一笑，歡喜！所以佛法它太微妙了，每一個當下你會用，當下就解脫了。

一天二十四個小時，你有一個小時是解脫狀態，你就賺了二十四分之一，你活一天，就當下一天，所以這句「當一天和尚撞一天鐘」，實際上是非常的灑脫和積極。但長期以來卻被我們理解成片面、狹隘和消極，好像都是那種無所事事無所願求的樣子，這實在是大錯特錯！

請大家跟我合掌
願消三障諸煩惱
願得智慧真明瞭
普願罪障悉消除
世世常行菩薩道
普願一切見者聞者聽者
遠離痛苦之因、痛苦之緣、痛苦之業
普願一切見者聞者聽者

建立解脫之因、解脫之緣、解脫之業
普願一切見者聞者聽者
快樂安詳得以解脫
願一切眾生
快樂安詳得以解脫
願一切眾生
快樂安詳得以解脫
願一切眾生
快樂安詳得以解脫

第二十二品

無法可得分

請大家合掌

南無本師釋迦牟尼佛

南無本師釋迦牟尼佛

南無本師釋迦牟尼佛

無上甚深微妙法

百千萬劫難遭遇

我今見聞得受持

願解如來真實意

須菩提白佛言：「世尊！佛得阿耨多羅三藐三菩提，為無所得耶？」佛言：「如是，如是。須菩提！我於阿耨多羅三藐三菩提乃至無有少法可得，是名阿耨多羅三藐三菩提。」

前面一直是釋迦牟尼主動，這回是須菩提主動提問：世尊，佛得無上正等正覺，實在是沒有什麼能得到？要按剛才你這樣說，說法者無法可說，那就證法者無法可證了？佛說：是呀是呀，須菩提，我在阿耨多羅無上正等正覺這件事上，「乃至無有少法可得」，一點點都沒得到。

當人家問佛陀我們怎麼稱呼你呀？是叫你釋迦族的聖人，還是叫你淨飯王的兒子，你猜世尊怎麼說？你們應該呼我爲覺者，佛陀。「無有少法可得」，但是又被稱爲天人師、佛、世尊、無上士、調御丈夫、善逝、世間解，有那麼多的名號，是有法還是無法？說有說無，全是兩邊。所以中道第一義，眞正明白這個道理了，這個佛法的玄辯，佛法的智慧，它超越了玄辯，但是它包含了玄辯；它超越了哲學但它含有哲學；它超越了宗教，但是它本身又孕育了宗教。

世界三大宗教中佛教、基督教和伊斯蘭教，創教歷史上最早的，當屬佛教，已有二千五百多年了。所以有這樣的一個機緣，我們大家開始來學習純淨的佛法，來了解自己的心性。而中國本土除了佛教外，還有儒家和道家，儒釋道三家的教育特色跟西方教育完全不同的地方，就是他完全獨立於世界教育之林，能夠立足的就是它以心性爲本的教育機制，儒家是修心養性，這個以王陽明爲代表；道家是修心煉性，要煉，鍛鍊我們的心性；那佛家呢？叫明心見性，所以全是心和性，這是跟西方完全不一樣的教育機制。

但我們這麼多年給丟得太多了，好在現在已經意識到這個問題了，百年工程我們再返回來做，不管是中國大陸如此，韓國、日本如此，東南亞的華人如此，大家都開始做了。從中國社會科學院，北京大學、人民大學、然後復旦大學、四川大學，一向就是這幾把交椅，那現在再一看，連一些省級的大學裏都有佛教、宗教的專業，這是一個進步開放的標誌。

❖明奘開示

問：「命裏有時終須有」是否講的是福報？那福報有了就坐在家裏等就行了，還要

努力上班幹嘛？

答：這個問題滿有意思的。命裏有的終須有，這等於叫命定論，也叫宿命論。佛教叫做「業力」，業感緣起，跟命定論、宿命論完全是不一樣的。命定論就是你什麼都不需要幹，上帝把一切都安排好了，宿命把一切都安排好了。那我來問問各位，假如算命的跟你說：現在，在某個地方有一個金融卡在那兒，趕緊去拿，過了幾點幾分就過時了，你就坐在那兒等著能來嗎？能你還得過去才能拿過來，你不拿或者被人拿了，它就不屬於你了，對不對？

過去說一個懶婆娘，丈夫出門了，烙一個大餅套在她脖子上，然後再一回來看到懶婆娘餓死了，爲什麼？她懶到連抻抻脖子都不幹，所以只能給餓死了。所以宿命論是消極無爲的，但是佛教講究「業感緣起」，這就是宿命論和業感緣起論的最大差異。所以命裏有的必須去努力，叫正精進，八正道。

這就涉及到一個問題：到底佛教的改命是可改還是不可改？想想看，命是定的還是緣起的？緣起的，那麼就是一切皆空的，一切皆空的就是你還可以再創造出來。你沒有福報，可以去累積福報。所以佛教叫「五停心觀」，把我們的心按五種最基本的教法，沒有智慧的人教他緣起法，貪戀生死的人教他無常法，嗔恨心重的教他修慈心觀，散亂心重的教他數息觀，都是針對法。所以佛法不是僵化的，甭管你三六九等，佛法能一一對治，你有什麼樣的根性，佛就有什麼樣的方法來教化你。否則無論什麼樣的人、什麼樣的問題上來就一味靈丹妙藥，這絕對是宗教。

要知道佛教的任何一個宗派，八個宗派中，禪宗、淨土宗、密宗目前是最興盛的，另幾個是天臺宗、華嚴宗、唯識宗、三論宗和戒律宗。但所有的佛教的宗派目的是爲了幫助佛法的發揚光大，任何一個宗派如果消滅了佛法，只強調自己的宗派，必然是弊多於利，必然把佛法送上宗教的死胡同。所以現在我們不管在修哪個方法，不要過分在乎宗派問題，要知道所有的宗派只是方便，佛法才是最根本的。

問：您曾經講過人什麼都需要經歷，比如說談戀愛、結婚、生子然後覺悟後出家，那麼是否對於女人和孩子太不負責任？另外佛祖已經告訴我們他的凡塵一切都經歷過了，那麼只要相信佛祖的話直接出家不就可以了嗎？

答：幹嘛非說對妻子、對兒女不負責任，那女性出家對先生和兒女不是也一樣啊，那兒女出家對父母呢？父母出家對兒女呢？三方面的對不對？不能單獨說男子，女子也一樣，兒女對父母也是一樣的。這是相互的，不是單一的，沒有上下這一說。

至於什麼叫做責任？我們俗語上的這個所謂敦倫盡分是責任，對不對？保家衛國是責任，恪盡職守是責任，講究孝道是責任，與人相處是責任，夫妻相守是責任。佛教裏專門有一本經叫《佛說善生經》，又有一本經叫《吉祥經》，專門講先生如何照顧太太，也專門講了太太如何照顧先生，父親如何對子女，子女如何對父母，說得很透徹。

但是要知道，人的生命分了幾類，第一叫做「動物性的生命」，就是吃喝拉撒睡、傳宗接代，動物性的，你剛才說的這個責任就是動物性的這種責任，女人、先生、子女，就是這樣一個關係，那是動物性的一面。

你想想看，按照動物的自然法則，有沒有不散的一個家庭呢？有沒有不死之人呢？沒有。也就是你的責任，你放不下，可死亡會教你放下。所以死亡就是黑無常嘛，它來教我們放下。因此所謂的責任也只是相對而言，佛說責任即非責任是名責任，只是相對而有，壽者相嘛，在一個特定的時間段，必須負的。印度一個男子，把人生分成四個時期，第一個時期叫做出家學習期，因爲那時候沒有學校，一切的學習都是在寺廟中完成的，所以寺廟在印度就相當於學校。

而在古時的中國，寺廟則相當於教育部和外交部的合稱。因爲漢明帝永平十年西元六七年，從西域請來奢摩騰和竺法蘭兩位法師後，安置在鴻臚寺，是漢代的最高官府，三公九卿，也就是由九個部長來管理，所以這個機構就一直延續下來。

因此佛家的寺廟在中國一直跟官衙很相像。那到了第二個時期男孩子學到十幾歲時，就還俗來結婚，印度的男孩子結婚都早，十四歲可以結婚了。到他做了爺爺或者外公，已經有了第三代人的時候，馬上他就又去出家，叫林居期。所以先是出家期、然後居家期，居家要結婚，要創業，然後林居期，林居期就是修行，修行個體的修爲達到了這個目標了，然後叫遊方。遊方的就是從此不再佔有任何資源，什麼都不是、什麼都不成爲，「今朝脫下鞋和襪，不管明朝穿不穿。」隨時可生，隨時可死又步步向生那個態度，這就是一個修行人。

所以婆羅門教、印度教很高明，他把人生分成這樣的幾個時期。因此你要想背負責任，那是永遠也負不起的。因此動物性這一面過去了，那人的這一面就是剛才說的，人的居家期、林居期，但人還有精神生活、靈性生活，對不對？我們生命的終極價值、終極意義到底在哪裡兌現呢？吃喝拉撒睡中儘管拿一句禪來說「道在溺屎」，平常心是道，舉手投足是道，揚眉瞬目是禪，輕輕流水是禪，到處都是禪，可是你得先明白它是才能悟禪，三十年前見山是山，三十後見山不是山，再三十年後見山又是山，要經過這個是與不是，不是又是的階段才可能悟道。所以勇敢地承擔責任，但是又毫不留情地放下，這就叫放下和智慧。

問：您提到念「阿彌陀佛」時感覺您好像是有一點點反對的情緒在裏邊，但是您在講座中又屢次提到關於心的力量的問題，您說到如果心態比較好的話，寫《金剛經》寫出來的效果也會比較好，也就是說所謂心能轉物。那如果按照這樣的說法，那我相信念「阿彌陀佛」時我心裏想著它，我信它，那應該就是我信了，我覺得可以達到什麼那就肯定可以達到的，因爲心可以轉物嘛，也就是信者得救嘛。那爲什麼您又比較反對這樣一種說法呢？

答：先講個故事，一個從美國回來的老太太有嚴重的牙痛病，有一天痛得不行了，從美國帶回來的藥正好吃完了，就讓我一個朋友滿北京找這個藥。可他拿著那個瓶蓋兒找遍了北京也沒有，買了很多中國產的藥都不行，吃了不管用。我這個朋友特別聰明，找了一個中國產的藥，用這個包裝，說終於買到了，老太太吃了，三分鐘牙就不痛了。

那這個道理何在呢？信心成就，爲什麼叫信心成就呢？好比說這些紙，它就是普通的紙，紙的作用和功能是什麼？只是個載體吧？可以用，也可以燒，也可以保存，但是你相不相信它就是具有神聖力量的紙，你相信嗎？好，「若是經典所在之處，即爲有佛」，在紙上寫上「佛」字，有力量嗎？你信不信？信了，整天對著它磕頭燒香。因爲你的心力在往這裏貫注，大家都想著這個靈，有力量，它是不是就眞的具備了神祕的力量？所以一人傳，十人傳，就是眞的了。所以爲什麼都說普陀山靈，因爲大家都相信它靈，就這麼簡單，信心成就，所以它的科學原理就是你相信它。

所以我在教我身邊做事的徒弟時，我特意教他在做事時的佛法，你要享受對方什麼特性，你就要創造他。你依據佛法一切眾生都是佛，所以你只享受他身上光明的、智慧的、慈悲的那一面，因此天下全是佛，就這麼簡單，這就是心，信心的力量。因此佛在三十七道裏邊叫「五根五立」，其中第一根叫「信根」，「五立」第一立就叫「信立」，信根產生信立。

那在我們講《百法明門論》會講到，專門有一類叫信根不具的眾生，他就沒有信

根，你把自己敲碎了頭，給他說佛法是微妙難言之法、是智慧之法，他也不信。這跟他做善做惡沒關係，只是信根不具，這是一種大煩惱，所以專門有這類的眾生。那我們觀察身邊很多這樣的人，學問一大堆、知識一大堆、名銜一大堆，但他就是不信，所以很難度這樣的人。

問：請問師父，我們在生活當中也有很多信心轉境的例子，他因爲信心成就了自己的某件事情，包括有些身患疾病的，醫生判了死刑的，然後他用樂觀的心態戰勝了疾病，過了很多年一查好了。但是前段時間有一個師兄得了絕症，去過藏區的師兄就儲備了一些甘露丸，結緣的這些，他覺得很殊勝，然後就給這位師兄吃，但是一個月之後這位師兄還是沒能渡過這個難關，這位得病的師兄也是發心很純淨的一位居士，我們去給他助念，那這是爲什麼呢？

答：儒家有一個故事是這樣講的，一個人就想要練飛升，結果呢？教他的人實際上是個騙子，騙子根本沒有飛升本事，但是這三年來這個人就對騙子敬若神明，要怎麼樣就怎麼樣，到了三年後，說你總得教我了，騙子說：好吧，那我今天教你，走，上山上懸崖了，然後說：從現在起往下跳，跳了就能飛了。你猜這個人怎麼樣？眞就跳了，也眞的就飛起來了。這是儒家的正史記載，而不是佛家的傳記。他的心成就了，所以他就相信了，儘管那個人是個騙子，但是他的一念之誠，卻創造了「一切唯心造」的結果。

佛在《四十二章經》裏面特別說，叫「置心一處，無事不辦」，讓他的心達到一處了，什麼都能做到，也就是「心若能轉物，即同如來」。那你問這個同修爲什麼吃了甘露丸不管用，我們修行人的生命叫業力與願力，普通人是業力爲作主，被業力牽引，業力是你不得已的，很多無奈、不甘心，但是你無可奈何；但是願力就需要你主動地去做，你想想看，一個主動加班的人和一個被迫加班的人，他們的勞累、疲乏度是不一樣的。當業力大過願力，人就成爲凡夫，當願力大過業力了，這個人可以做生命的主人，所以我們應該爲願力而活，而不應該被業力牽纏，修行人就是這樣來定位的。那麼有一些個案，因爲對法的不了解，盲信、迷從導致了很多欲升反墜的事情，這個就是佛說：此人堪可憐憫吧？

問：菩薩戒可以分受嗎？受了戒可以捨戒嗎？

答：菩薩戒不可以分受，受了就不再捨。不但這一次不捨，就是生生世世等於種了一個、埋了一個永不消失的電波，這個叫菩薩戒。因爲「若受菩薩戒，即受諸佛位」，生生世世讓你就不迷了。那也有人當年問佛陀，說：一個不受戒的人下了地獄和一個受了戒的人下地獄，哪個從地獄出來更快呢？是受戒的人。因爲受了戒的人他明白，他犯了錯，所以知錯即改馬上就生了，相反沒受戒的人，我很快樂我幹嘛要修行呢？在地獄挺好的呀，做豬挺快活的呀，他是沉迷其中不能自拔，因此受戒功德殊勝行，他的功德

是無量無邊的，因爲受了戒，因戒生定，因定開慧，即成無爲善法，無爲的善法可以成爲聖賢教化別人。

問：什麼是「空性」、「正見」？

答：所謂「空性」，諸法本來皆空，是怎麼個空的呢？第一它不能恒常存在，第二不能獨立做主，第三被條件制約，這就是空的定義。你想想看有什麼不遵從這個呢？不能恒常存在所以是無常，不能獨立做主所以是無我，因爲它無常無我所以必然被條件所制約，因爲被條件所制約所以它就是緣起，因爲是緣起了所以它就被條件制約，因爲被條件制約所以當某一個條件有的時候它就顯現有，所以就是壽者相。當一個條件消失了，它就沒有，所以就無常，無我緣起性空，它是一體的，不能分割看。

現在很多人在解釋佛法卻把它完全給分割了，這就是眞的錯了，歪曲了這個意思，它是一體的。把「戒定慧」分成一二三，錯了，支持一個鼎，得三個足這個鼎才能立住。「戒定慧」就是佛法的三個根本，缺一個就倒，所以缺一不可，它是平等的，爲了說起來方便我們說「戒定慧」有次第，那這裏也是一樣，無常、無我、緣起，就是性空，性空所以就緣起無常無我，因爲他無常所以他必然不能做主就是無我，因爲不能做主它也必然是遵從無常生滅法則，你看互相是不是可以闡述了？

問：《金剛經》講一切經皆從此經出，但《法華經》講的是本有實相，講一切佛菩薩眾生都是由法華經出生的，這個不是矛盾嗎？

答：佛說《金剛經》即非《金剛經》是名《金剛經》，佛說《法華經》即非《法華經》是名《法華經》，對不對？我有一切心則有一切法，我無一切心何需一切法，所以所謂佛法者即非佛法是名佛法，沒有矛盾。那如果我們看到矛盾一定是我們的問題，不是經的問題。

問：您如何看待少林寺釋永信這個經營現象？

（編按．釋永信為當代少林寺住持，他以現代企業手法行銷少林寺。）

答：我覺得他是經營這個拳頭的少林禪法，對不對？挺好的。起碼我到西方去，都知道中國有「少林功夫」。我有次在印尼講經講累了就沒有直接飛吉隆坡，而是買了一張機票到巴厘島，待了三天。走到哪裡，都聽到「少林、功夫」這幾個字，有一次我在德國科隆，那些老外也說「少林、功夫」，我說「Yes，I'm china功夫」，你看他起碼能知道這個，剛才說到「若以三十二相見如來」，這就是相。但是少林寺畢竟只是中國幾十萬個寺廟中的一個，所以他這種個別現象不能代表全體的佛門。

問：宗教與科學可以融合統一嗎？您反對科技給人類帶來災難。我曾和北大一位老

教授探討過這個問題，他說科學是對規律的探索，是為了認識自然界的規律，給人類帶來災害的不是科學而是人的欲望，您認同他的說法嗎？您認為中西醫學可以結合嗎？

答：科學是對規律的探索，那麼佛法這叫「諸行無常，諸法無我，涅盤寂靜，緣起性空。」這是不是最高的科學規律？我說過佛教超越科學，但是又包容科學，佛已經認知了，所以當然可以融合了。給人類帶來災難的是人的欲望，欲望本身並沒有罪，對欲望的態度才是問題的關鍵，所以你們的交流仍然還有問題。

中西醫可以結合嗎？我覺得沒問題呀！儘管我被西醫折騰得死去活來，但是到了關鍵時候還得去相信西醫，一九九九年我因為胃出血在中日友好醫院治療，但怎麼查也沒有查到我的出血點，還是天天出血，做了五次腸鏡檢查，眞的把我痛死了。即使西醫把我折騰成這樣，可是有些時候沒辦法還得接受它。

所以解決人類的問題要靠科學、要靠哲學、要靠宗教、要靠文化、要靠藝術、要靠軍隊、要靠政治，因為人類的問題顯現的層面不同，所以才有了不同層面的解決之道。誰都不要想用這個取代那個，那麼宗教曾經把科學家送上了斷頭臺，布魯諾、伽利略被燒死了，對不對？那麼科學在今天又走了一個極端，把宗教經常送上腳手架。實際上科學、哲學、宗教這三個體系在三千年前的人類社會中能分開嗎？分不開。煉金術是占卜大師，那些個醫官、占卜官本身又是科學家呀，對不對？所以那個時候是不分的，人類活得簡單，分了，人類博學，但是問題卻層出不窮，互相打架。

請大家跟我合掌
願消三障諸煩惱
願得智慧真明瞭
普願罪障悉消除
世世常行菩薩道
普願一切見者聞者聽者
遠離痛苦之因、痛苦之緣、痛苦之業
普願一切見者聞者聽者
建立解脫之因、解脫之緣、解脫之業
普願一切見者聞者聽者
快樂安詳得以解脫
願一切眾生
快樂安詳得以解脫
願一切眾生
快樂安詳得以解脫
願一切眾生
快樂安詳得以解脫

第二十三品

淨心行善分

請大家合掌
南無本師釋迦牟尼佛
南無本師釋迦牟尼佛
南無本師釋迦牟尼佛
無上甚深微妙法
百千萬劫難遭遇
我今見聞得受持
願解如來真實意

> 復次，須菩提！是法平等，無有高下，是名阿耨多羅三藐三菩提；以無我、無人、無眾生、無壽者，修一切善法，即得阿耨多羅三藐三菩提。須菩提！所言善法者，如來說即非善法，是名善法。

「復次，須菩提！是法平等，無有高下」，我們可以用這八個字來整個剷除所謂的民主。爲什麼這樣說？我們總是覺得民主有多麼的神聖，但是民主眞的是平等的嗎？是人爲規定的民主平等，還是自然而然就是平等？是人爲的。有人想要進白宮去可以嗎？總統可以、保鏢可以、部長可以。我這和尚光頭去了，人家恐怕得把我當成恐怖分子的人肉炸彈。「是法平等，無有高下」，我們應該怎麼來體會？我們看到的差別是不是普遍的？所有的差別中，平等是怎麼展現出來的？這個地方要動腦筋的，你吃飯用的碗，喝茶用的杯，喝湯用的湯匙，想想看，它們是平等的還是差別的？平等。怎麼平等呢？那怎麼盛湯不用湯匙盛，服務員要是給你拿湯匙盛一碗湯上來，你會不會跟人家吵架呢？如果說加點鹽，結果拿一個大湯盆給你拿鹽來，你受得了嗎？平等還是差別？差

別。差別在它的外相，因爲外相的差異導致用處也有差異了。可是它們都是餐具，這是一個平等，也就是從餐具這個層面上是「是法平等」，那它們是從什麼鍛造出來的？是泥土，在它們被團成稀泥還沒有被揑造的時候，有沒有差異？沒有。

各位想想看，當我們的生命還沒有輪迴所謂的天堂、地獄、餓鬼、畜生、修羅和人這六道的時候，我們僅僅是一個生命的能量態的時候，大家是平等的還是差別的？平等。所以佛法講，心、佛、眾生三無差別，我們的心就是我們本來的生命能量態，佛就是那個生命能量態再也沒有流失過，它恒常地處在那種平靜的、祥和的、智慧的、慈悲的、善良的狀態，這些就是佛的狀態。那眾生是什麼狀態？眾生就是已經變化萬千了的狀態，但是從能量場這個層面上是完全平等的。這個平等是佛規定的？菩薩創造的？我們想像的要它這樣的呢？還是「是法平等」？是法而如是的平等，所以這一點上是佛法跟宗教斷然地劃了一個不等號。法而如是，就本來如是，沒有誰創造，也沒有誰被創造，只要你放下了你的執取和煩惱，眾生回復到心的本來純淨狀態，那麼純淨到極點就是佛，所以叫心、佛、眾生三無差別。

但是大家要知道，我們已經有了高、矮、胖、瘦，人、鬼、畜生、天的界限了，我們還能夠說我像豬似的行嗎？所以凡是一旦墮入到形而下的，已經佔有空間、體積、形象，並且它能夠自我認知，被其他人所認知時，這個相有一個相對的穩定性，就叫做壽者相。

比如這個杯子就用十年，這個樓就用七十年，地球四十五億年，它都有一個相對的穩定性，這個時候我們的認知局限、偏差，就把這個相對的穩定性當成了實體不變，所以把無常的當常，因此才痛苦不堪。那我們明白了，所謂的四十五億年也好，四十五年也好，四十五天也好，都是一個壽者相。

僅僅在壽者相這個層面上，四十五天和四十五億年有差別嗎？沒有，又是平等的。所以終究來說，體上平等、性上平等，相上、用上全是平等。這樣子，我們那種差別對待，我們那種總有超過別人的想法，就自然淡化了。

我倒推薦你們正在讀研究生的，不妨做一個選題，「從《金剛經》看佛法的民主」。那麼也有很多女權人士說佛法最不講究平等的，宗教規定是信者得救，不管是男人還是女人，但是佛教不是的。男性出家人受的戒律是二百五十條，女性出家人受的戒律是三百四十八條，並且女性出家還有叫「八敬法」。很多的世界女權組織，專門拿「八敬法」來做文章，滿有意思的。是法平等無有高下，但是爲了安立方便，畢竟社會是一個緣起的社會、分工的社會，所以既然有了三六九等了，那麼高就隨他高，低就隨他低，但還是平等的。

「是名阿耨多羅三藐三菩提」，所以是法平等，無有高下，那自然就是無上正等正覺。因爲這個人體驗到了「無我、無人、無眾生、無壽者」四相，所以當一個人已經沒有對自我的執取，沒有對眾生相的牽掛、擔憂，然後修一切善法就怎麼樣？即得無上正等正覺。所以一切的善法，前面我們曾經講，一切法皆是佛法，但是這裏說，修一切善法，即得阿耨多羅三藐三菩提，那回歸到佛教的修行體系，叫福德、智慧二嚴，福德與智慧兩個一起來莊嚴它，神聖的完成它，叫福慧二嚴。

「須菩提！所言善法者，如來說即非善法，是名善法。」我做了一件善事，恨不得讓別人都知道，那麼想想看，爲什麼傳播自己做的一件善事反而是惡的呢？佛教對於善法的區分，分了半善與滿善，一半的善與圓滿的善；相似善與究竟善，有的表面看是善，但實際上有惡，究竟善就沒有這個，從動機到結果到過程都是善；還有的叫殘缺的善，還有的叫不圓滿的善，還有是少分的與多分的，一點點的和很多的，把這個善分得很透徹。但是佛在這裏告訴我們修行的最終究的方法是一切善法別把它當善法，那我們可不可以延伸推論，一些惡法也別把它當惡法，行嗎？假如咱們現在停下講課，所有人都給我趴下，碰上打劫的了，佛說一切惡法即非惡法，是名惡法。行嗎？

所以這一條叫善體善用，畢竟我們已經淪爲形而下的器世間了，就必須有它的公共的運行準則。所以法律、政治、軍事、經濟、宗教、文化、教育、衛生、醫療等，都得遵從它的法則。我們有一類迷人不遵從這個自然法則，我們這個法界叫做莊嚴，叫十法界互具。怎麼叫做十法界互具呢？在佛法界中具備菩薩法界、圓覺法界、聲聞法界、天法界、修羅法界、人法界、地獄法界，餓鬼法界和畜生法界、佛法界具足其他九法界。那人中的法界，也就是我們在人類社會，在人的心中具沒具備其他九個法界呢？

比如一些慈善組織，是不是已經超越了國界的？比如姚明既可以是一個籃球巨星，也可以是個形象大使，他在家裏也是最孝順的兒子，在他太太的眼裏是個好丈夫。他有多少形象呢？所以法界互具，就是這樣的。

一生有無窮的化身，不是在死後，不是你修成了之後才有化身，你現在就有無量的化身，我們要突破這個狹隘的認知了，發現世界上每一個人無非是你的化身時，各位想想看還有沒有人相？我、人、眾生、壽者四相，因爲所有的人全是你的化身，是不是人相變成我相了？那我相是不是很虛幻的？修行就是這樣，慢慢地智慧就開了。

明代有一個秀才作了一副對聯：「經懺可超生，難道閻羅怕和尚？紙錢能贖命，分明菩薩是貪官！」來指責我們這些宗教、佛教是迷信。佛法跟佛教有一個根本性的差異，佛法是要用智慧來了解它，了解了是要來解決自己生命問題的，但是佛教已經是器世間，它佔有了壽者相、佔有了人相、眾生相和我相，所以它要遵守這個法則，「法久必生弊」，有很多很多不好的地方，所以我們要正面的了解和區分佛法，佛法是不垢不淨、不生不滅、不來不去的。但是佛教是隨著外在的環境變化，而隨時有變化的，慢慢體會——「是法平等，無有高下」這個道理。

願消三障諸煩惱
願得智慧真明瞭
普願罪障悉消除
世世常行菩薩道
普願一切見者聞者聽者
遠離痛苦之因、痛苦之緣、痛苦之業
普願一切見者聞者聽者
建立解脫之因、解脫之緣、解脫之業
普願一切見者聞者聽者
快樂安詳得以解脫
願一切眾生
快樂安詳得以解脫
願一切眾生
快樂安詳得以解脫
願一切眾生
快樂安詳得以解脫

第二十四品

福智無比分

請大家合掌
南無本師釋迦牟尼佛
南無本師釋迦牟尼佛
南無本師釋迦牟尼佛
無上甚深微妙法
百千萬劫難遭遇
我今見聞得受持
願解如來真實意

> 「須菩提！若三千大千世界中所有諸須彌山王，如是等七寶聚，有人持用佈施；若人以此《般若波羅蜜經》，乃至四句偈等，受持讀訟、為他人說，於前福德，百分不及一，百千萬億分，乃至算數譬喻所不能及。」

福德、智慧都沒有辦法來比較比量，所以福智無比。須菩提！如果三千大千世界中所有諸須彌山王，三千大千世界，每一個世界都有一個喜馬拉雅山這麼高，「如是等七寶聚」，有人拿來用作佈施，然後另外一個人啥也沒有，他只有《金剛經》，《金剛經》還不能全部記得，只能背上其中的四句，甚至四句也不能背下來，只能明白這四句的道理，「四句偈等，受持讀誦，為他人說」，那麼兩者相較，修行此經的功德與前一人的三千大千世界，七寶佈施的功德哪個大？還是「百分不及一，百千萬億分，乃至算術譬喻所不能及」。

可以看到大家是如何尊敬《金剛經》，如何尊重佛法和佛教了。據說昭明太子把《金剛經》分了三十二品之後，有一種傳說叫「割裂佛經，等同出佛身血，生下了地

獄」。因爲佛經它是個完整的體系，不能夠被割裂的，他人爲地強分了三十二品，所以傳說他下了地獄。

如果依據《大乘起信論》，我們每一個佛弟子，跟佛陀來學習佛法的時候，基礎是不一樣的。有人聽一個字而得多解多義，有的人聽了多句多文，然後只能了解一點點；有的人不但多文還要多解，這個人就也許成爲一個融會貫通的大家，根性是不同的。

請大家跟我合掌
願消三障諸煩惱
願得智慧真明瞭
普願罪障悉消除
世世常行菩薩道
普願一切見者聞者聽者
遠離痛苦之因、痛苦之緣、痛苦之業
普願一切見者聞者聽者
建立解脫之因、解脫之緣、解脫之業
普願一切見者聞者聽者

快樂安詳得以解脫
願一切眾生
快樂安詳得以解脫
願一切眾生
快樂安詳得以解脫
願一切眾生
快樂安詳得以解脫

第二十五品

化無所化分

請大家合掌
南無本師釋迦牟尼佛
南無本師釋迦牟尼佛
南無本師釋迦牟尼佛
無上甚深微妙法
百千萬劫難遭遇
我今見聞得受持
願解如來真實意

「須菩提！於意云何？汝等勿謂如來作是念：〈我當度眾生。〉須菩提！莫作是念。何以故？實無有眾生如來度者。若有眾生如來度者，如來即有我、人、眾生、壽者。須菩提！如來說：〈有我者，即非有我，而凡夫之人以為有我。〉須菩提！凡夫者，如來說即非凡夫，是名凡夫。」

須菩提你又怎麼樣想呢？你們不要認爲，如來有那麼一個想法，生起個念頭：我應該度眾生。須菩提，不要作這樣的念頭，不要這樣想，也不要這樣說，爲什麼呢？實實在在地說，有沒有眾生讓如來度呢？實在是沒有讓如來度的眾生。

我經常跟佛教徒開玩笑，拿著大把的香給佛燒去了，去旅遊時看到很多的廟前都寫著「請勿拍照」，那些國家級的文物當然要保護，但是從宗教的層面上來說，你把佛像拍到照相機裏面帶回家去，是不是佛又多了一個化身？你看，度眾生，實無眾生如來度者。

我又經常問大家，佛是怎麼度眾生的呢？緣。沒有條件確實什麼都成就不了，所以要靠這個緣來度眾生。但是儒家的孔老夫子的教學叫「有教無類」，是佛、菩薩跟孔老夫子截然不同，佛是說「只聞來學，未聞往教」。什麼意思呢？因爲佛證道之後，他發現他證得了的那個法，關於空性的道理，關於緣起的道理，關於生命這種流轉的道理，沒有辦法跟世間上的任何一個人去分享，所以他就想算了，我一涅槃就算了。

但是孔老夫子的教育是不一樣的，他知道怎麼樣？「吾十有五而志於學，三十而立，四十而不惑，五十而知天命，六十而耳順，七十而從心所欲不逾矩。」他有這樣一個次序，但是佛陀沒有。《金剛經》也是這樣，該吃飯就去吃飯，該托鉢托鉢，托完鉢吃完飯了，該洗腳洗腳，該打坐打坐，無所事事。

所以百丈禪師曾經作過一首詩，說「幸爲福田衣下僧」，福田衣指的是袈裟，袈裟就像稻田一樣被切成了很多的格格塊塊，所以叫做福田衣。「幸爲福田衣下僧，贏得乾坤一閒人。」「有緣即住無緣去，一任清風送白雲。」就是這個樣子。但是有些人不准這些閒人閑下來，所以就把他逼出來，幹嘛呢？弘法建道場，所以像永明延壽禪師就這樣，「做夢中佛事，建空花水月道場」，做得很累，很辛苦，但是它叫做夢中佛事，空花水月道場。這是菩薩行爲，但是佛「只聞來學，未聞往教」，他沒有那樣子，所以佛是如何度眾生，一定是觀察因緣，有緣才度，沒緣他可以裝傻充愣。所以善知識，有時候是似傻還癡的那個樣子。

「若有眾生如來度者」，如果有眾生如來度者，如來會怎麼樣？如來首先就有一個，我是能度之人，眾生是我所度之人。那我要度這個人，一定要有一個具體的度的方法，對不對？所以眾生相就出來了，那既然要度他，不是每一個根性都那麼好，聽佛講一次，就馬上往天上一走成阿羅漢了，還得反說、正說、黑說、白說、長說、短說的，是不是？所以壽者相也就有了，因此說「無眾生如來度者」。

「須菩提，如來說，有我者」，會怎麼樣？就不是眞的有我，而是假言有我。爲了大家方便，互相交流，所以假言有我，但是凡夫之人就以爲有個實實在在的我，不但認爲有個實實在在的我，還認爲有個實實在在的佛、佛教、佛法、佛學、佛門。你看「天宇雖寬，不潤無根之草；佛門廣大，難度無緣眾生」，還是講一個緣。我們知道戒、定、慧是爲了幹嘛呢？對治貪、嗔、癡，然後用的工具是身、口、義，達到的結果是覺、正、淨，依賴的對象就是佛、法、僧，這是佛法。那佛教呢？有教主、有教義、有教團組織，教團的不同傳播區域和形式，以及有它的歷史演變發展、改善以及退後和消亡。凡夫就把這些當成實實在在的有一個我。

須菩提，我剛說到凡夫了，你又認爲凡夫是實實在在的了。「凡夫者，如來說則非凡夫。」這幾句話可以來注解《壇經》。《壇經》裏面的六祖很了不起，在五祖身邊待了八個月，五祖年老了，想把佛法傳下去，就跟這一千徒眾說，你們去看看各人心中自性中生起的智慧，做個偈子來，展現一下你們多年入山學到的體會，誰要得到了，那我就把衣缽傳給他。神秀大師是他的上首弟子，在六祖沒來之前就是首眾，所謂首眾，相當於一人之下，萬人之上。

神秀作了一個——「身是菩提樹，心如明鏡台。時時勤拂拭，勿使惹塵埃」的偈子。那六祖呢？他大字不識一個，個子又小，臉又黑，在廚房裏面舂米，他個子小嘛，所以腰裏綁一個墜腰石，現在這塊石頭還放在廣東南華寺藏經樓的樓上。這個石頭往這一綁，前面一個廄，石槽子，然後把大米擱在裏面就搗呀搗，把米殼破碎，把大米搗出來。寺廟一般是都用人工，本身就是要磨這些修行人的心性，專門做這些體力活。

像我們去柏林寺出家，都得先幹體力活，所有的佛法就是幹活幹活，一天把你累得想逃，然後沒有你的任何發言機會，就覺得廟裏的教學太莫名其妙了，一點人權也沒有。但是隨著你慢慢地對自我的降伏，你會發現那個教育方法眞的很美妙。所以現在我也開始慢慢掌握了一些技巧，教我的都是這些小徒弟們。

大家聽了神秀的偈子，都說這個偈子不錯。五祖說：「依此偈修，免墮惡道；依此偈修，有大利益。」一個小沙彌念著這個偈子到了廚房，六祖一聽，問這是什麼意思？小沙彌說：五祖說要依這個修可以免墮惡道。六祖說：請你帶我到那兒去看看，我也想去供養供養，磕頭瞻禮一下。小沙彌便把他帶到那個廊簷下，正好有個姓張的別駕，別駕相當於現在的市政府外辦副主任的一個官職，六祖說：我也有一偈請你幫我寫下來，那個張別駕說：你還能做偈？六祖說：「不得輕於初學。下下人有上上智，上上人有沒意智。」這個張別駕一聽，好！我幫你寫了，你一旦得法，得度了，第一個先來度我啊！功利心就出來了，給六祖寫了：「菩提本無樹，明鏡亦非台。本來無一物，何處惹塵埃。」

一下子，中國佛教從此就是開天闢地，可以說是一聲春雷，整個印度佛教就變成中國化的了，就因爲這二十個字。「菩提本無樹」，也就是覺悟本來是不需要有什麼東西的，「明鏡亦非台」，梳粧檯叫明鏡，照鏡子。「本來無一物」，緣起性空的，既然一切皆空的，塵土、塵埃是不是空的？既然它本身是空，它又怎麼能污染這個鏡子呢？既然是本無污染、本來皆空，你這個拂拭本身、擦洗、工具、方法是不是也都是空的？

五祖一聽，好，這傢伙厲害，給六祖的頭上噹噹噹敲三下，六祖也明白了，半夜三更，來到五祖的房間，用袈裟把窗一遮，讓外人不知。五祖便給他講《金剛經》，講到第十品，「應無所住，而生其心」，六祖豁然大悟，連說五個何其，「何其自性本無生滅，何其自性本自清淨，何其自性本自具足，何其自性本不動搖，何其自性能生萬法」。關鍵是這第五個，能生萬法，所以空和有徹底融爲一體了。五祖怕人害他，連夜把他送走了。

那這裏又是一個故事了，既然同是修行人爲什麼還會有人要害他？大家想沒想過？大家千萬不要以爲有了宗教信仰的人就具備了宗教情操，有宗教情操的人又不一定需要宗教信仰。因爲在他的定位、他的感知、他的生命實踐裏面，宗教情操確實是對他人無條件的善，恪盡職守、敦倫盡分，盡可能隨緣盡分地服務社會、幫助他人，在他就夠了。所以一個有宗教情操的人，不一定是以一個宗教徒形象出現的。反言之，以宗教徒形象出現的，不一定是具備了宗教行持與宗教情操的人。

因此我們到名山大川的寺廟裏去燒香火，萬一被某些人坑了、騙了，本來三塊八毛錢的香讓你交了一千三百八十八，你歡喜接受就完了。你反思一下自己是不是也有貪得之心？反思自己，這就是學費。但是我們好多人，上了這一次當，就認爲天下的寺廟和尚全是這樣，一塊臭肉攪得滿鍋腥，所以現在我們的寺廟，我們這些和尚替這些人背了很多罵名。有一些名山大川的旅遊景點，花錢請幾個老鄉穿著和尚衣服，白天在這裏招搖撞騙，到晚上摩托車一騎，煙一叼，唱卡拉OK去了，花天酒地去了，甚至是吃喝嫖賭去了，然後他們還拍了照片，認爲這就是和尚的作爲。哎呀，我們這些和尚冤死了，眞是比竇娥還冤。

那也就是讓我們自己有一雙慧眼，有一雙法眼，有一雙天眼，還得有佛眼，當然這一切都建立在人本上的，以人眼觀之，人皆是人，人就是善惡交參，就叫做人。要知道人的本性善念和惡念各占一半，就是人的定義。他不是至善的，至善的就叫做聖賢了。

再回到六祖，六祖得法之後，出來接引徒眾、接引弟子們，他的方法很簡單，「一念覺則凡夫即佛，一念迷則佛即眾生」。你看回到這裏來，「凡夫者，如來說則非凡夫」。凡夫若覺，即是覺者，覺者若迷呢？即是凡夫。所以在覺與迷之間有沒有一個本質的差異？沒有。

請大家跟我合掌
願消三障諸煩惱
願得智慧真明瞭
普願罪障悉消除
世世常行菩薩道
普願一切見者聞者聽者
遠離痛苦之因、痛苦之緣、痛苦之業
普願一切見者聞者聽者
建立解脫之因、解脫之緣、解脫之業
普願一切見者聞者聽者
快樂安詳得以解脫
願一切眾生
快樂安詳得以解脫
願一切眾生
快樂安詳得以解脫
願一切眾生
快樂安詳得以解脫

第二十六品

法身非相分

請大家合掌
南無本師釋迦牟尼佛
南無本師釋迦牟尼佛
南無本師釋迦牟尼佛
無上甚深微妙法
百千萬劫難遭遇
我今見聞得受持
願解如來真實意

「須菩提！於意云何？可以三十二相觀如來不？」須菩提言：「如是！如是！以三十二相觀如來。」佛言：「須菩提！若以三十二相觀如來者，轉輪聖王即是如來。」須菩提白佛言：「世尊！如我解佛所說義，不應以三十二相觀如來。」爾時，世尊而說偈言：「若以色見我，以音聲求我，是人行邪道，不能見如來。」

前面都是以色見我，以身見我，那這裏說「可以三十二相觀如來不」？用的詞是不一樣了，所以意思也不同了。須菩提說：是呀，是呀，「以三十二相觀如來。」你看前面是「見」，以色見我，以相見我，這裏是「觀」。「見」是一個境界，「觀」是一個境界。「般若」在這裏分幾個層次，第一個叫做文字般若，白紙黑字；然後觀照般若，你要依照這個去思考，叫做觀照般若；還有境界般若，有些境界你當下就能夠進入那個狀態，比如說，去參加葬禮，那個時候什麼功名、地位，什麼恩怨，都「憎愛不相關，長伸兩腳臥」了。那個狀態，放的那一剎那，他也會生起一個境界，叫境界般若。那還有一個實相般若，就是直接切入到那個實相的境界，一切皆空，無常、無我、緣起，直接進入那個狀態叫做實相般若。

須菩提說：是呀，是呀，可以三十二相觀如來。佛言：須菩提，如果用三十二相觀如來怎麼著呢？「轉輪聖王即是如來」。轉輪聖王是印度的一個政治理念，或者是一個政治幻想吧。轉輪聖王分金輪聖王、銀輪聖王、銅輪聖王和鐵輪聖王。一個輪王呢？他有七寶，比如象寶，相當於寵大的軍隊。比如輪寶，就是如意輪，像哪吒金剛圈那樣的。還有女寶，他有女孩子在身邊，他不需要任何香料，但是整個宮廷總是有很美妙的香味。然後還有一個特別聰明睿智的大臣在他身邊，幫助他處理事情。這就叫轉輪聖王。那他長得也是福相莊嚴，有三十二大丈夫相，法輪聖王的相和佛相是一樣的，但是法輪聖王他僅僅是人中的國王而已，他的智慧還沒有完成，只是他的福報足夠大。那如果你執相而求，就不行了。轉輪聖王的七寶跟《金剛經》所說的七寶佈施中的七寶是不一樣的。

須菩提白佛言：世尊，我知道，如果按照我的理解，不應該以三十二相觀如來。「爾時，世尊而說偈言」，因爲印度這個民族，不注重歷史，也不注重文字的傳承，像現在佛陀生活過的那些八大勝蹟，完全是因爲當時退休的英國駐印度總督下屬的一個官員，因爲對印度感興趣，所以組建了一個大概只有四個人的考古隊，他們按照玄奘法師寫的《大唐西域記》，才把這一個個聖地給挖掘出來。所以說印度民族是不注重這些歷史記載的，學習就靠老師教，然後學生們記，爲了記憶方便，經常把前面說的散文性的東西，用詩歌的方式再說一遍，所以叫做偈誦。

「若以色見我，以音聲求我，是人行邪道，不能見如來」，若以色見我，看看現在我們佛教徒有多少是以色見佛？不以五戒來安身立命，卻以燒香多少來賄賂佛陀的像，以磕頭多少來取悅偶像傀儡，而不是自己內心的謙卑生起了多少，所有的謙卑不是用來對傀儡偶像的，是用來對生命與生命之間的。磕頭是爲了降伏驕慢，降伏了驕慢之後，是與人如何的相處之道。絕對不是磕完頭後，就可以這樣耀武揚威地看別人，你看你不磕頭下地獄，你不吃素下地獄，我們現在佛教徒經常是這樣子，逮著一個就問：你還沒皈依？那你就完了，這輩子做人，下輩子地獄等著吧！

我記得有一年，我到懷柔去。一個老太太的孩子是懷柔一個知名企業的副總經理。有一天天下大暴雨，閃電雷鳴。閃電雷鳴是個自然現象，可老太太卻睡不著，大半夜的，在床上趕緊燒香、點蠟、磕頭作揖什麼的。我到她家後，她的孩子說：哎呀，師父，閃電雷鳴沒把我嚇著，我媽媽對閃電雷鳴的態度可把我嚇得不輕。你也不知道她是巫婆還是神漢，反正這個態度，就是讓人恐怖，讓人對佛教根本不敢接近。

所以我們如果能夠眞正把佛法這十五個字融會貫通於心，佛法就眞正在生命裏。哪十五個字呢？先是三個字：佛、法、僧。佛是一個覺者，覺者的意思是他是人，不是神；他有智慧而不愚癡；覺者還有一層意思，他看到了作爲人類生命的殘缺與不圓滿，在八苦交集面前人人平等。所以覺者他找到了這種滅苦之道，因此佛不是獨自享用，而是讓所有的生命共用。法不是他創造，而是佛以他的智慧發現的生命的實相，他毫無保留地，毫無遮掩地公之於眾的，就是法。僧就是願意按照這個方法實踐的人，每一個願意按照佛所發現的滅苦之道，行走在這條滅苦之路上的人都叫做僧，這就叫做三寶。那麼如何去走？讓我們痛苦和煩惱的，既不是天神與地鬼，更不是閻王與無常，讓我們痛苦和煩惱的是我們內心貪欲的力量、嗔恨的力量、愚癡的力量，叫做貪、嗔、癡。

那貪欲、嗔恨、愚癡讓我們不快樂，讓我們痛苦，那如何去剷除它呢？用法，法的三個層面，用戒的力量、定的力量、慧的力量。所謂的戒就是過道德的、對自己負責任的生活，這就是戒。什麼是定呢？就是過能夠做心的主人的日子，而不做習性的奴隸。我們是習慣成自然，成爲習性的奴隸，但是定卻讓我們做心的主人，而不是做心的習性的奴隸。那如何是慧呢？就是高度的認知、洞見力、觀察力、認知力，我們不再被任何假象所迷惑，不被任何權威與經典、傳統與習俗所污染，我們相信這個實實在在的，建立在智慧之上的洞見力、觀察力與明晰能力。

所以這就是「戒、定、慧」。然後我們所使用的工具，不在他方、不在他途，不在死後、也不在生前，就在我們活著的眼前、當下，我們所使用的工具，就是我們人人都擁有的身體、語言和思想。那麼我們通過對「身、口、意」的淨化，剷除了透過身、口、意表達出來的「貪、嗔、癡」，而完成了「戒、定、慧」，這個結果就叫做覺、正、淨。我們不再迷了，所以愚癡熄滅了，成爲覺悟者；散亂沒有了，邪定沒有了，我們正確了；然後我們的污染沒有了，乾淨了，所以修行的結果到達了那個極致、終極就叫做淨。乾乾淨淨，所以涅槃有它的標誌性叫做「淨、常、淨」。因此這十五個字，把整個的佛法完全界定完了。

我們來慢慢地把這十五個字隨便來排練組合，中間的就是身、口、意，身、口、意再一次把佛法從宗教中剝離出來，因為身、口、意是不是人人都有的？那麼貪欲的力量、嗔恨的力量和愚癡的力量也是人人都面臨的，那麼不甘心做這個貪欲、嗔恨與愚癡的奴隸，想要掙扎出來，解脫出來這個願望，戒、定、慧便是都想追求的，人人都需要。那麼這樣一個人間的覺者，他發現的方法，然後一些已經走在這條解脫之道的人叫做佛、法、僧，實實在在，跟我們息息相關。

如果我們每個人依照這個方法得到了生命的自在與自由，得到了解脫與安詳，是不是就是覺、正、淨？因此人人都是法的實踐者，也都是法的傳承者。就像傳遞奧運聖火一樣，智慧之光我們應該人人來傳遞，先點燃自己再去引燃別人，這就叫是法平等，無有高下，法而如是，不需增減。不需要你去加多什麼，也不需要你去減少什麼，就這麼做夠了，如是如是，非常簡單。如是而已，如是坐，如是思維，如是睏了就睡，如是餓了就吃，如是迷了就醒，如是亂了就定，如是愚癡了就覺，都是如是。所以佛法叫一切現前。

我們打坐修行，最容易生起來的就是眼睛看到的，閉著之後看到的東西和坐下來聽到的東西，都很正常，叫四十二種境界。但是都不離開見和聞，覺和知，叫見聞覺知。那麼一旦我們知道了，只不過我們見的是我們所不熟悉的，覺得是我們所生疏的，聞的是我們沒有經歷過的，僅僅是經驗不足，沒有經歷過而已，一旦接受這個教理這就叫做教育，你明白了，叫做「無師智現前」，你已經獲得了老師的智慧，這個時候才可以去閉關，才可以獨自離開僧團、離開大眾自己去精進修行。那麼要記得這個教理必須要有，沒有這個教理一定會盲求瞎練，並且出了問題不知道怎麼去對治，一旦出了問題再想對治就很難了。

「行邪道不能見如來」，就是因爲有些人不了解佛教修行的次第、教理、教義，然後盲修瞎練造成的，他們確確實實有一些修行的境界，但是他把這種境界當成了實相和眞理，就像盲人摸象，他沒摸到象的大耳朵和尾巴，而是摸到了象蹄子，那不被踏傷才怪呢！所以你在打坐修行時如果有什麼境界了，要記住這幾句：「若以色見我，以音聲求我。」這個我就是佛的意思，如來的意思，「是人行邪道，不能見如來」。那如果有人死了，你用這四句話勸那個臨終的人，這四句話就足夠了。

請大家跟我合掌
願消三障諸煩惱

願得智慧真明瞭
普願罪障悉消除
世世常行菩薩道
普願一切見者聞者聽者
遠離痛苦之因、痛苦之緣、痛苦之業
普願一切見者聞者聽者
建立解脫之因、解脫之緣、解脫之業
普願一切見者聞者聽者
快樂安詳得以解脫
願一切眾生
快樂安詳得以解脫
願一切眾生
快樂安詳得以解脫
願一切眾生
快樂安詳得以解脫

第二十七品

無斷無滅分

請大家合掌
南無本師釋迦牟尼佛
南無本師釋迦牟尼佛
南無本師釋迦牟尼佛
無上甚深微妙法
百千萬劫難遭遇
我今見聞得受持
願解如來真實意

「須菩提！汝若作是念：〈如來不以具足相故，得阿耨多羅三藐三菩提。〉須菩提！莫作是念，〈如來不以具足相故，得阿耨多羅三藐三菩提。〉須菩提！汝若作是念，發阿耨多羅三藐三菩提心者，說諸法斷滅。莫作是念！何以故？發阿耨多羅三藐三菩提心者，於法不說斷滅相。」

「可以三十二相觀如來不？」須菩提說可以，但佛嚴厲地告訴你他是不可以！「如我解佛所說義，不應以三十二相觀如來。」並且還說了很嚴重的幾句話——「若以色見我，以音聲求我。是人行邪道，不能見如來。」

按照我們的理解，既然不可以就不要好了。但是佛陀看到我們的問題，他不等須菩提發問，便先「打蛇隨棍上」，把你逼到別路上去，根本不讓你有這個妄想、對立、分別之念。

「須菩提！汝若作是念：〈如來不以具足相故，得阿耨多羅三藐三菩提。〉」須菩提你不要這樣想，如來不以具足相故，得了阿耨多羅三藐三菩提，須菩提你要這樣想，就有問題。發無上正等正覺之心者與法是不能說斷滅的，你要認爲沒有三十二相了，那麼佛在哪裡去完成他的福德呢？佛又怎樣被大家所了解和認知呢？所以於法不說斷滅相。「發阿耨多羅三藐三菩提心者，於法不說斷滅相」。

什麼叫做斷滅相？哲學上有個詞叫做斷見。還有一個見叫做常見，你看兩個是對立的，一個叫常見，一個叫斷見。在佛陀生活的時代，印度教還叫婆羅門教，大概在西元四、五世紀之後才開始以印度教爲主體，那這個婆羅門教是講什麼呢？種性制度。就是精神祭司階層叫做婆羅門，它是最尊貴的；第二叫做剎帝利，是武士階層，國王、大臣、軍人，這個武士叫做剎帝利階層；然後是吠舍階層，農、工、商和老百姓；第四種叫做首陀羅，也就是賤民，非常卑賤、低賤的意思。

所以四等種姓不能通婚、不能通商，很多東西都不能。他們認爲婆羅門死後還是婆羅門，首陀羅死後還是首陀羅，這就叫做常見。那常見的結果表現在政治上就是世襲，世襲的結果會怎麼樣？比如康熙皇帝自己能夠彎弓射雕，還親自打死過大熊和老虎，可到了他四代之後，這些八旗子弟，武功廢了，軍事不強了，平定太平天國之亂，反而是靠漢人爲主體的湘軍和淮軍。所以世襲導致在政治上、軍事上的變化，這是常見帶來的。

那爲了跟這個婆羅門教的常見對立，佛陀在證道之前，又新興了沙門集團，叫做六師、外道。全是出家修道的人，都是對婆羅門教背叛和反抗的。其中有一個人，他就認爲叫斷見，因爲人死如燈滅，人的一切作爲都是一次性的，人死就沒了。那麼斷見也會導致一個嚴重的弊端，就是爲所欲爲，過分放縱，過去中國傳統有「舉頭三尺有神明」，舉頭三尺有神靈在管，所以冥冥之中有一個自然法則使他不敢去超越它，所以他有個敬畏之心，不敢去爲非作歹。但是因爲斷見導致大家既然貪了也白貪，白貪誰不貪，所以斷常二見在哲學上都有問題，在具體的生命管理軌跡上也會出問題。如果說了斷滅相，那麼釋迦牟尼佛，一切的如來他沒有三十二丈夫相，那我們來看，宗教的幾個教主的人生際遇問題。

前段日子剛好在吉隆坡買了一本《耶穌基督行蹤成謎的歲月》，書裏說耶穌十二年間在印度先學了六年的婆羅門教，宣導平民、宣導草根、宣導大眾，拒絕貴族，所以就被當時的人告發他，最後逃跑。到個拉薩所屬的大寺廟又學習了六年佛法，然後隨著耶路撒冷那邊的商隊又回去傳教，猶太人認爲他太改革，就把他打成異端邪說，所以釘上了十字架。因此他出生不可證，學習經歷不可證，根據傳說和神話就都不可證。

但佛陀不是，每一尊佛要來到人間成佛，他自己先在天宮，也就是兜率陀天的內院，用他的天眼來觀察誰最適合做自己的父母，該降生在哪裡？哪個地方最容易修道，不受干擾，還受大家尊重？所以他選擇在印度，因爲印度這個民族非常神奇，大家都想生命的終極價值問題，所以大家都接受佛陀。每一個出家修道的人，根本不用擔心住在哪裡，吃在哪裡的問題。因爲天氣熱，哪裡都能躺下睡覺。吃的問題靠托缽乞食，乞不到的話，哪裡都可以摘個果子，就夠了。坐下來冥想，因爲天氣太熱，走快了也不行，睡多了也不行，反而這麼慢慢悠悠往這兒一坐，不動了，再熱也沒事。所以佛是以他的天眼來觀察，自主地選擇安棲地，在人中來投胎做人、成佛。因此他一證道，三十二丈夫相，男女老幼誰見了都尊敬，都喜歡，你說這樣的人他不當老師誰當？只好當老師做和尚。只好去做佛。

但是依照佛法，佛、覺者不需要出生在王宮，他能不能證道？當然能。對不對？因爲依法而熄滅煩惱，還是依相而熄滅煩惱的？是依法。但是要知道這個法需要一個載體，這個載體從個性上來說就是佛教，佛教的教團組織卻被一些人攻擊成不平等。這是因爲佛陀一開始准許徒弟，瘸腿的也行，瞎眼的也行，聾子也行，他都一概接收。

可等他證道成佛若干年回到迦毗羅衛國後，他的爸爸淨飯王一看，覺得這不行，我的兒子已成爲佛陀，叫世尊，人所共尊了，結果他的徒弟穿沒穿的，窩裏窩囊，這絕對不行，有損我孩子的形象。便強令，須是王宮貴族裏面的男孩子才可以出家，還得長得帥的。王權對於佛法的干預是從那個時候就開始了，從那兒之後，佛一般不會跟社會太對著幹，也無所謂接受。也是從那兒之後凡六根不具者不可出家。眼根、耳根、鼻根、舌根、身根、意根，所以盲、聾、喑、啞都不能出家。

所以現在那麼多人攻擊佛法的不平等卻攻擊不到點子上。爲什麼不准許他們出家？這裏面的道理何在？因爲他們出家會受人家歧視，那些凡夫眾生會因歧視這些僧人而造罪，他會誹謗僧人，這就會有個罪過，這個罪過是因爲他而做的，所以本著他的慈悲，殘疾人照樣可以修行，並且他修行的結果毫不遜於我們正常的六根健全的人。但是爲了方便，爲了更深遠、更廣大的利益不相干的人，不讓他產生歧意，所以不准這些身體殘疾的人出家。

現在佛教徒有兩大錯位，第一，院牆內的僧人本來是應該修解脫之法，卻關注社會慈善事業多於修清靜無爲法，顛倒；那第二個錯位，在家修行的人本來有正業正命，卻一心想求解脫，錯位。

居士們經常到寺廟指責僧人不用功，自己精進用功，是不是？你們有沒有發現這個道理，這叫顛倒。在家人五戒是你的法位，是你個人的道德安身立命之法，然後你去謀求正當的職業、正確的謀生方式，然後拿賺取的金錢分作四份，一份養家糊口、一份照顧父母、一份救濟其他需要幫助的人、一份供養三寶和精神導師，推廣教育，這是我們佛教規定的，一個人合理賺取的金錢應該分作四份來使用。

但是現在廣大在家徒，不好好上班、明天請假，幹嘛去了？上山閉關打坐去了。打坐你就眞坐，把頭髮剃了坐。不是，只坐三天，隨時後邊有個門開著，什麼呀？偷心不死，投機取巧的那個心。你看那些和尚反正啥都沒了，功也沒了、利也沒了、名也沒了是吧？物質享受也沒了、什麼物質待遇保障也沒了，養老保險、醫療保險、生育保險、失業保險全都沒了，那你看我還有哪些，哎呀，坐三天覺得做和尚修行不是一件容易

事，就跑回去了。回家待幾天心又不安又跑回山上，我把這些經常在我身邊跑來跑去的他們叫做——「寺廟與都市之間的流浪兒」，失意、失戀、失職，這樣的年輕人滿多的，這個是很嚴重的問題。

那麼你想社會大眾怎麼來認識佛教徒的，就能用這樣的認知來認識佛教徒嗎？這是有問題的。相反僧人應該追求什麼？解脫之法，以他的道行、以他的德養來感染、利益身邊的人，一個僧人可能沒有學問、可能沒有受過高等教育、可能也不懂得任何現代文明，但是他能淳化鄉禮，以他的那個簡單自然、非常原始的方法，讓周邊的生命都能夠享受到他的善，這就是僧人的定位。有條件、有能力再去擴大，再去影響這些精英人群、知識份子、大企業家、白領，乃至決策者，普渡眾生嘛！

所以說「是法住法位，世間相常住」。佛陀爲什麼放棄王位而寧願做個和尚，因爲他眞是看透了，你想想看，有哪一個政體能夠千年不倒，哪一個不變的政治體制能夠讓老百姓眞正遠離貧窮、遠離疾病、遠離所有自然災害、遠離死亡？哪一個政治理想能做到？哪一個醫院能保證所有的人不病、不死？沒有。所以在自然、無常、生滅法則面前，在八苦交集面前，所有的這些人爲的努力，都非常的具有狹隘性，它只能解一時之痛，不能解恒久之失。所以不在相外去尋求，尋求烏托邦，不在相外去追覓，找那個理想國，相反在自己內心找那種無所依的解脫和快樂。

大家想想看這是不是眞正的極樂，所以佛法的快樂叫做「無所依」，不再依賴任何東西，這是佛陀爲什麼寧可做個和尙而不願做國王的道理。如果你拿著世間的責任來追問他，拿人的七情六欲來逼問他、拷問他，拿人的物質享受來約束他、框範他，跳出三界外不在五行中，那這些都不在他的眼裏，在他的眼裏就是這種徹底的解脫。

請大家跟我合掌
願消三障諸煩惱
願得智慧真明瞭
普願罪障悉消除
世世常行菩薩道
普願一切見者聞者聽者
遠離痛苦之因、痛苦之緣、痛苦之業
普願一切見者聞者聽者
建立解脫之因、解脫之緣、解脫之業
普願一切見者聞者聽者
快樂安詳得以解脫

願一切眾生
快樂安詳得以解脫
願一切眾生
快樂安詳得以解脫
願一切眾生
快樂安詳得以解脫

第二十八品

不受不貪分

請大家合掌
南無本師釋迦牟尼佛
南無本師釋迦牟尼佛
南無本師釋迦牟尼佛
無上甚深微妙法
百千萬劫難遭遇
我今見聞得受持
願解如來真實意

> 「須菩提！若菩薩以滿恒河沙等世界七寶持用佈施，若復有人知一切法無我得成於忍，此菩薩勝前菩薩所得功德。何以故？須菩提！以諸菩薩不受福德故。」須菩提白佛言：「世尊！云何菩薩不受福德？」「須菩提！菩薩所作福德，不應貪著，是故說不受福德。」

先說一個高度智慧的道理，馬上再說一個事相，所以有和無之間隨時能夠想怎麼用就怎麼用，這就是《金剛經》。「若菩薩以滿恒河沙等世界七寶持用佈施」，菩薩自己親自拿來而不是讓隨從拿來。「若復有人知一切法無我得成於忍」，怎麼叫做「一切法無我」呢？人無我、法無我，這叫做無我，「得成於忍」，「忍」，我們前幾天說過忍辱波羅蜜，也就是用忍辱的方法到達解脫的彼岸。那「忍」呢？又不是單一的、狹隘的，而是有三個層面——

第一個叫「生忍」。所謂生忍就是來自於生命給我們的麻煩，我們能夠安之若素。那第一個叫做「愛別離」，親人分離，哪怕是暫時的分手都痛苦不堪；第二個是「怨憎會」，討厭的東西總是在你身邊，你想要去修行偏偏沒有機會。這叫做「生忍」。即使沒有這些，集體的這種力量也會壓制你，讓你不得自由，即使突破了這個集體，國家仍然是一個機器，讓你不得自由。總歸你的心、身總是有一個受局限的東西，這叫做「生忍」。你必須接受它，必須要安住它。

第二個叫「法忍」。餓、渴、累、酸、困、病，下雨要躲雨、天寒要取暖，來自生活給我們的干擾，叫做「法忍」。好比說你想隨便找個地方就打坐行嗎？肯定不行，就是社會上所有的人都認可你，大自然也不會接受，你必須要先找個固定的地方，相對安全的地方，等到你功夫純熟了，才有可能去別處。所以有些修行人經常在山洞裏閉關，卻閉不住，剛一進去第一天腹瀉、第二天濕疹、第三天頭痛，根本住不住。「法忍」，你能夠不再受大自然給你的干擾了，這個才可以，所以是「生忍」「法忍」。

第三個叫「無生法忍」。什麼意思呢？你已經超越生滅了，你已安度在無生法了，有生必有滅，你已經超越了生滅二元對立了，所以那個就是功夫了，那個境界很高了。所以一切法得成於忍，不是忍受的忍，是功夫、境界。那麼「此菩薩勝前菩薩」，是「以滿恒河沙等世界七寶持用佈施」所得的功德，須菩提，爲什麼這樣子呢？因爲各位菩薩是不受福德故，在他的內心裏邊是沒有這些個牽掛的。

須菩提白佛言：世尊，那怎麼說是菩薩不受福德了呢？須菩提，很簡單，不造福德和不受福德是兩個還是一個？不受福德是說福德該造還是不該造？該造，所以要改造這個人間的殘缺與不圓滿，要積極地改變社會制度的不圓滿，改造我們生活空間的不完滿，改造人心的不完滿，是不是都叫做福德？該做必爲，所以菩薩就是鐵肩擔道義，就要做。因此很多人把佛法弄得很消極、很無爲，大錯而特錯。

你看，哪有一個人「初日分以恒河沙等身佈施，中日分復以恒河沙等身佈施，後日分亦以恒河沙等身佈施」，這麼兢兢業業地去幫助別人呢？是不是只有菩薩才能做到？只有佛教徒才能做到？最積極、最勞累、最辛苦，結果這麼樣辛辛苦苦的人還被當成消極，世間是不是很顛倒？

「須菩提，菩薩所作福德，不應貪著，是故說不受福德。」不貪著而已，該做就必須積極努力地去做，心態上放得很開很開。

❖明奘開示

問：佛性既然在萬事萬物中都存在，那請問「什麼是佛性」？

答：在萬事萬物中存在的那個性就叫做佛性。萬事萬物存在是不是得有一個空間提供給他才能存在？那萬事萬物從物質屬性上來說是不是有個虛空性才能夠接納、才能夠容受，對不對？虛空就像個容器一樣，容納萬物。因爲萬事萬物都存在，所以佛性才能接納一切，才能夠安住在裏邊，所以佛性無所不在。

問：道家這個道，跟佛性是不是一碼事？還有這個佛性能不能用無形無止來描述？它這個思維是無行無止的嗎？

答：不太相近。「道可道非常道，名可名非常名」，它這個道講的是有個實實在在的本體，但是佛家講這個佛性，只是方便言說。什麼叫做方便言說呢？當所有人都安置在極樂時候，在極樂的人還認爲自己有樂嗎？它就沒有了，所以它還叫做「汝等比丘，知我說法，如筏喻者；法尚應捨，何況非法。」它僅僅是一個方便，教育的方便、入手，只是個教學工具，只要大家到得家來了，不管你坐船、坐車、坐飛機，都是手段而已，並沒有一個實實在在的佛性。但是道家的道是實實在在的一個不可變的本體，所以它們不大一樣。

問：《金剛經》中所提到的「無住」跟《論語》中提到的「不棄」，「君子不棄」的不棄，和《道德經》中提到的上得不得的「不得」，這三個之間的異同？

答：佛家講這個不住啊，「無所住而生其心」，它既是一個用功的方法，也是一個根本的自然法則的現象。你想什麼能住呢？太陽要是住了，後羿再射它咱們也都得寒冷而死，日月不住於空、蓮花不住於水、水滴不住於草間，所以產生一種生生不已的狀態。「苟日新，日日新，又日新」的這個生命萬象，所以你任何一個住都有問題。你說就住在三歲那麼大，永遠躺在媽媽懷裏，能行嗎？你必須要長大，都是不住。所以它既是法則又是實體、又是我們在用功的方法，它是一個全方位的。

但是儒家和道家的那兩個「不棄」和「不得」呢？我覺得它們還是有點局限性，它更容易偏重於唯理的那一個層面上，在用功這個層面上不好用，有時候用起來費勁，讓你很累。但是在事功的層面上，又有它們各自的不同。比如說那儒家做中流砥柱，像文天祥這一類的人在民族大義面前、氣節面前，泰山崩於前而面不改色。那道家呢？你看以張良爲代表人物，功成身退，然後能夠恬淡無爲，「狡兔盡、走狗烹；飛鳥盡、良弓藏」，去修行。但是佛家就超然一點，這些方法你可以什麼都能用，只要對於生命、人生有現實價值都可以用，但用了即了，該用則用，所以它是很圓融的。

問：佛家對「涅槃」的解釋是「常、樂、我、淨」，這個「我」是什麼意思？

答：「常、樂、我、淨」涅四德，這個在《涅槃經》有講到。《涅槃經》有兩個，一個是北傳的《涅槃經》，很長；一個是南傳的《涅槃經》，很短，所以兩個境界不可完全同日而語。《涅槃經》講涅槃四德，在佛陀去世之前，一切都是否定的，涅槃不是這兒不是那兒、不是東不是西、不是黑不是白、不是無常不是非無常、不是非無我也不是非有我，一切都是否定的。到了最後佛陀說涅槃是「常、樂、我、淨」，有個實實在在的解脫，在那兒，叫做「常」；有個實實在在的那個快樂了，叫做「樂」；有個實實在在的解脫那個主體了，叫做「我」；有個實實在在解脫那個的道果，叫做「乾乾淨

淨」。

所以「常、樂、我、淨」跟佛陀證道之後的前十八年到十二年講的，「諸行無常，諸法無我，諸受是苦」，身受心法「觀身不淨，觀受是苦，觀法無我，觀心無常」這個觀點整個給否定了。那涅槃叫什麼？就是煩惱的徹底止息，煩惱徹底止息的狀態就叫做涅槃。再拿這個杯子來比喻，生命、修行，就是剛才我們說的「身口意」這個東西，「戒定慧」就是修行，「貪嗔癡」就是那個不樂、不常、不我、不淨的東西，「身受心法」，然後解決了，當你的所有的煩惱止息，也就是你這一個杯子所有的污染都剔除了，乾乾淨淨的時候，你叫它什麼？叫「常、樂、我、淨」可不可以？叫「天堂」可不可以？叫「極樂」可不可以？既然是一切的污染全都沒了，叫它「地獄」可不可以？所以隨所在處全都是解脫，在那個時候一切的名字只有概念沒有實意，因此不得已才叫了一個「涅槃」。

問：「常樂我淨」這個「我」跟「無我」的「我」有什麼不同呢？

答：「無我」就是要糾正我們凡夫認爲的一個虛幻的我。妄認四大，地火水風。硬的骨骼、肌肉、毛髮、指爪，這是堅硬的「地大」；還有流動的「水大」，眼淚、鼻涕、血液、尿、大便這就叫做「水大」；然後推動的「風大」是呼吸；有熱量的是「火大」，我們妄認這個「四大」的緣起組合相爲自身相，妄認眼耳鼻舌身意對應色聲香味觸法留在心底下那個浮塵、影子當成自心相。所以佛陀用了那麼多年講四大沒有我、六塵沒有我，四大非自身相，六塵緣影非自身相，所以叫做無常、無我，是糾正我們的顛倒見，叫四種顛倒。

哪四種顛倒？就是不常的當常見、不樂的當樂見、無我的當我見，不淨的當淨，這就是糾正，所以佛陀的佛法就叫對治法，對治我們的煩惱而安立的。因此很多人就說這佛陀一生講法自身都是自我矛盾，這《金剛經》講「是福德即非福德性」，然後說「凡所有相，皆是虛妄。若見諸相非相，則見如來」。這一邊「若有善男子、善女人，初日分以恒河沙等身佈施，中日分復以恒河沙等身佈施，後日分亦以恒河沙等身佈施」，然後又說「凡所有相皆是虛妄」，這邊說「初日分，中日分，後日分」，不但這樣，「過去於五百世作忍辱仙人」，被歌利王割截身體，節節肢解。節節肢解眞的有嗎？絕對有。那不是「凡所有相皆是虛妄」嗎？怎麼還「忍辱仙人」，被割截身體呢？所以整個佛教是高度的圓融，一切的言說都爲了讓我們把這個煩惱知見從生命中拔除，一旦煩惱知見拔除了，解脫後那個道果，叫它「道」也是、叫它「佛」也是、叫「如來」也是、叫「大便」也是。所以莊子說「道在溺屎」，就在拉屎放尿中，尿和屎都是道。

問：可以理解「常、樂、我、淨」的我，就是一個純淨的本性嗎？

答：理解的就不是，體驗的才是。

問：坐禪的目的是什麼呢？是爲了悟呢還是爲了證呢？在那個坐禪的過程中如果已經有一些悟了，那麼坐禪還有意義嗎？

答：坐禪的目的就是爲了禪坐。因爲禪坐的目的叫「思維修」，坐下來是通過一個身體語言的框範，然後對心靈的訓練，這就叫「禪坐」。禪坐什麼呢？儒家不是講究坐忘嗎？坐忘，坐下來然後思維修，也叫靜慮，安靜地過濾掉很多不相干的東西，一心來參究無常無我，還是有我有常，參究它，所以坐在那裏是來參究它，不是在那兒空心靜坐的，所以要禪坐。一旦你有點悟境了，一定要百尺竿頭更進一步，眞悟了你會不在乎這些，再坐八萬四千年你也不覺得在坐，你認爲有個目的就有我了嘛，有我相了所以更得坐，既然有我相，你就還沒有思慮得乾乾淨淨，就是你還沒有眞正明白，必須還得坐。

釋迦牟尼你說是悟了還是沒悟？《金剛經》打開看第一品，「次第乞已，還至本處。飯食訖，收衣鉢，洗足已，敷座」而幹嘛？坐。成佛之後幹嘛？還不得坐嘛，很多人認爲生活中的佛法只在生活中才有，錯了，禪坐是不是生活的一部分？修心是不是生活的一部分？吃素是不是生活的一部分？都是。所以你不能把生活和佛法分成兩截兒，都是生活中的佛法，佛法中的生活。

問：怎麼樣才能顯現天眼、法眼、慧眼、還有佛眼？

答：肉眼咱已經有了，天眼嘛那就打坐嘛，打坐修。慧眼嘛，這個智慧之眼，隨時都有的，在平時的日常生活中，觀察任何萬事萬物之間的緣起，那就是慧眼。然後你觀察中看到任何萬事萬物中間的空性、緣起、無常、無我，那就是法眼。然後你眞正的平等慈悲，見一切的事全是佛事、見一切的污濁全是淨土、見一切的人都是菩薩，那就是佛眼。就這麼容易。

問：您剛才講到「若以色見我，以音聲求我，是人行邪道，不能見如來」，比如說人要死的時候，見到有父母過來或者是已去逝的什麼人過來，甚至見到佛過來，都不要把他當眞，但是在淨土宗裏，《彌陀經》裏明明是說：「臨壽終時，假令不與大衆圍繞現其人前者，不取正覺。」這個怎麼解釋？

答：《彌陀經》所講的是臨終來接引吧？想想淨土宗是幾經幾論？是五經一論，《彌陀經》、《觀無量壽經》、《無量壽經》、《大勢至菩薩念佛圓通章》、《普賢行願品》和《往生論》。《念佛圓通章》只是民國年間印光法師把它撚出來的，在那之前一直是四經一論。《普賢行願品》又來自《華嚴經》裏邊的第八十一品「入法界品」，所以等於只有三經一論，那《往生論》出來時，時代很晚了，是中國人造的。所以我就希望有人用天眼看看《彌陀經》、《觀無量壽經》和《無量壽經》這三部經結集在什麼時候，是佛陀生的時代呢？還是佛去世後三、五百年才有的？看看。

所以了義教和不了義教有本質的差異。了義教是所有的人都能適用，不了義教只對極少部分人適用。每人向內心來完成佛法，也就是每個人都熄自己內心的貪嗔癡，這是任何人都適用的，但是也有極少部分人說：我相信死後有個極樂世界，我願意念「阿彌陀佛」到那兒去，蒙佛接引，這是極少部分人才適用的。但是每個人從觀察呼吸入手，呼吸是實實在在的，貪嗔癡實實在在地就通過我們的呼吸表達出來，通過觀察它、熄滅它，是人人都能做來的，因此了義教適合所有的生命，不了義教只適合極少的人。不要拿不了義來割裂、取代了義教，這是佛法的根本，命脈所在。

那淨土宗這些年的發展有一些偏頗，開始走上一個叫做見上的煩惱，叫「五對識與五立識」。在修行上佛教的教育實際上叫做身見、邊見、邪見、見取見、戒禁取見。「身見」，認爲這個身實有，「邊見」是兩邊之見，常見和斷見叫「邊見」；「邪見」就是認爲沒有因果，沒有地獄、天堂，沒有六道輪迴；然後「見取見」和「戒禁取見」，也就是在「見取見」的思想認知上，「戒禁取見」就是在生活、行爲、作習方法上的實踐。

現在淨土宗開始宣導「放生、吃素兼念佛，必定往生極樂去」，大錯特錯。淨業三福怎麼說？一者，孝養父母，奉事師長，慈心不殺，修十善業。二者，受持三歸，具足眾戒，不犯威儀。這完全是聲聞與緣覺境界；三者，發菩提心，深信因果，讀誦大乘，勸進行者。徹底是菩薩行爲，這才是往生淨土的正因。但是吃素、放生就能往生極樂嗎？是錯的。「見取見」和「戒禁取見」已經徹底地把佛法給毀掉了，所以淨土宗的問題是很嚴重的，不是在危言聳聽，我們認知不到它的問題在哪裡，憑什麼去跟人家說：念佛吧！這個世界馬上災難來了，地震要來了，必須念佛才能解脫。人家能相信嗎？不可能相信，其他宗教能接受嗎？不能接受。

但是每個人的呼吸都是實實在在的、每個人的心念起伏都是實實在在的，透過對呼吸的入手方便來了知自己心念的起伏，根除貪欲、嗔恨和愚癡，得到覺正淨的結果，不管你信什麼教，人人都能接受，所以佛是對一切眾生而設教，不是針對淨土宗的教徒而設教。

問：因爲現實中人的根性是不一樣的，眞正修《金剛經》能解脫的，我覺得從歷史到現在還沒有。

答：因爲是你覺得，不是實相如此，是你覺得，你沒有試你怎麼知道？對不對，所以你這個問題是個假問題。

問：爲什麼有的叫「寺」有的叫「廟」？二者在這個法理上有什麼區別？

答：廟，是中國傳統的一種祭拜祖先的處所，尤其是以周朝爲最有代表性的祭祀，主要是用來對祖先的祭祀。寺是供神佛或歷史上有名人物的處所。在印度叫阿蘭若、寂靜處，修行人、出家人、沙門教的、婆羅門教的人聚集在一起的場所叫阿蘭若，也叫寂靜處。它的要求是離開村莊不要超過四華里，但是也不能太近。按照人正常步行的速度一小時是4.5公里，便於僧人托缽乞食。所以印度的寺廟叫做精舍或叫做寂靜處，叫阿蘭若。

那來到中國了，漢明帝請來兩位法師來翻譯佛教的經典，就把這個清涼台捨了爲寺，作爲這個中國漢帝的和尚們住的地方，叫做寺。到了唐宋有很多的達官貴人，都捨家爲寺、捨宅爲寺。它是教化、教學之地，翻譯經典之地，寺相當於大學，廟相當於這個大學裏面一個系。還有庵、堂，庵一般指比較小、女眾住的小廟，也是個體的修爲者住的地方。道家的修行處所叫道觀。

問：面對欺負人的現象時，我們應不應該管？

答：佛法面對別人欺負人是既要幫助那個被欺負的人，也要幫助那個欺負人的。被欺負的是因爲他的懦弱被欺負，欺負人的人是因爲他的強暴欺負人，所以一個是被懦弱傷害了自己，一個是被憤怒傷害了自己，所以在佛法眼裏他們都是痛苦的人。世間人的善惡對立叫除強扶弱，佛法這裏是扶弱化強，不是除，是化解它。把那個弱的給扶起來，把那個強的給化解掉，所以各打兩鞭吧！

問：有時一覺醒來對世間一切突然陌生了，自己對自己起了疑心，問自己是誰，生命的意義何在？是一種很難用語言描述的狀態，請師父開釋，這是怎麼回事？

答：這就是生處變熟、熟處變生的一個過程。什麼叫做生處變熟呢？關於生命的終極價值、終極意義、終極定位問題開始陌生，現在你要思索它，生處變熟了。熟處變生是你熟悉的恩怨情仇、物質享受、眼前種種的色聲香味觸法好像可有可無，這一個狀態叫熟處變生。這是個好狀態，但這個狀態又有點淡淡的哀愁。像那個花露水裏面兌了一滴醋，不純淨，有點點醋味兒在裏邊，哀怨。但是沒關係，短短的玩味對我們有幫助，但持久地深入到這個狀態也不對。持久在這個狀態就是憂鬱症。

問：請問不顧及家庭的責任、父母妻兒的感受，自顧出家讓父母傷心，讓妻兒精神上和物質上都無所依，算不算自私和我執呢？

答：算自私。所以修行人說無我無我，最後成就一個什麼我？大我。大我就必然有大愛，大愛就叫做慈悲，視天下一切年老的男人爲我父、一切年老的女人爲我母、一切跟我年齡相近的男人爲兄弟、女人爲姊妹，視一切比我小的爲兒女，這就是一個大愛。有首詩說：「多情乃佛骨，無欲則仙心。」所以佛是大慈悲，不忍一切眾生受苦。那從這個責任來講，佛教的規定是這樣說的，如果捨棄一個家庭但是能救一個城市，捨一個城市能救一個國家，大家想想看，是捨這一城還是捨這一國？那捨一個家庭：父母、妻子、兒女，但是讓天下的蒼生都能夠因此而徹底獲得生命的大自在和解脫，這是大責任。不僅僅從動物性的責任，也是從道義上的責任來說。

所以算不算我執呢？從一開始叫做善法欲，到最後有一個破除執取的過程，最後達到無執了就對了。但是如果就是為了自己圖清靜來出家，那還是在家的好，修行乃大丈夫之事，不是那些小根小量能做的。

問：執著和堅持一樣嗎？學佛就是學習如何生活嗎？生活中有時候我們需要有堅持的精神，如何來調解？這需要智慧，當智慧不達時如何來做？

答：這個得拿一生來做實驗，可不是拿一個問題和回答就能做的。我給你的建議和指導只是我的狹隘的個體經驗和認知，而更重要的則需要你自己去體會。執著和堅持，比如跑接力賽，4×4接力，你不堅持能跑下來嗎？但馬上就要心臟猝死了你還要跑，這就是執著了。

所以它的那個臨界點實際上很容易把握，叫做「世上有事，心中無事」這個態度，世上有事叫堅持，心中無事就叫做放下，如果你心上也有事、世上也有事，就叫做執著，它區分很容易。學佛就是學習如何生活嘛，因為生活不能離開智慧，學佛是為了更好的生活，而不是學習如何生活。生活的藝術已經有太多的人教你了，父母去教你、老師去教你、乃至路邊的人都在教你。所以學佛是為了更好的生活，而不是就為了生活，至於當智慧不達時如何來做？傻乎乎地去做就是了。

問：如何能夠脫離各種苦痛，離別苦、友情苦、疾病苦等等，敬請師父開示。

答：一切的苦都遵從一個法則就是因爲有我，你沒我了當然就一切苦都不存在，但如何去體驗無我呢？道德說教是說你要有大無我的精神，是不是？其他宗教是說你要安住無我的那個狀態，但是這些都不實在。佛法則很客觀、很直接，你要實實在在禪修體驗到無我的境界，這時候不需要去道德說教、不需要去宗教誘惑，你直接就知道本來就無我，那還有什麼苦呢？所以禪修體驗無我就自然滅苦，「照見五蘊皆空，度一切苦厄」，就那麼簡單。

問：如何根據自己的根性去選擇法門來修，如禪、淨、密等。

答：這我得根據你的受教育程度還有年齡來決定。比如你七十歲的人了我想你還是念阿彌陀佛最好，但是你只是二十五、六歲的小夥子，並且正在讀研究生，我想你應該盡可能的廣學博文，但是廣學博文的同時還要每天堅持打坐。這跟宗派不相關，每天打坐來觀察自己心念的起伏，然後再用這些個文字經典來融會貫通於心就不一樣了。你不要做只有文字的研讀，那是學者的事情，然後該如何選擇還是在你自己。

問：如不選法門如何知道自己該選學哪一部經呢？不是說要「一門深入」嗎？我看淨空法師的書較多。

答：所以我就覺得你該念佛，既然你已經接受他，那我也不破壞你的這個認知。還是好好的念佛，但是念佛是要信願行，要有具體的念佛方法。念佛三昧，是因爲念佛而得到定，不是念佛求往生，求往生已經在你的心裏邊生出一個念，所以「大乘無量壽清淨平等覺經」，既然是清淨裏邊還有個平等就錯，既然是清淨還有個正覺，又錯。所以這個會集本的《無量壽經》，我們佛教是反對的，眞正我們推廣的是康僧鎧譯的《無量壽經》，要記住這個版本。那麼你看了某人的錄影帶就認爲他是權威，佛已經一而再再而三地說莫相信經典所說、莫相信權威所說、莫相信習俗認知所說，要相信自己的心。所以念佛得三昧，然後自然中生起了平等、正覺與慈悲，它是原本有而不是你要刻意生，刻意生又已經不清淨了，這點是關鍵，所以念佛要得法。

當你一心清淨了，一切唯心造，淨土就是「生則決定生，去則實不去」，《往生論》說得很透徹，生，決定生了淨土，但去並沒有離開本地，隨其心淨則佛土淨，這就是淨土。我經常逼問那些念佛的人，「阿彌陀佛」翻譯成漢語叫什麼意思？《無量壽經》叫無量光、無量壽，無量光也就是光照明之意，照沒照到我們這個世界？照到了，既然照到了我們是不是極樂世界的一部分？那你還生它幹嘛？他們一聽我這麼說就想了一會兒，反駁我說：極樂世界是在西方不在這兒。所以六祖早就說了：「若言下相應，

即共論佛義，若實不相應，合掌令歡喜。」阿彌陀佛，善哉善哉，那你還是這麼念佛吧！所以這個滿有意思，對於修行很有意思。

問：佛性是非自然性、非依人性的，那這個東西是不是超出了自然法則呢？因爲在基督教裏面說上帝是不受自然法則來約束的，就是涅槃以後，他是在自然法則之內呢？還是已經在自然法則之外呢？

答：那我問你涅槃是不是自然法則？在上帝創造世界之前，這世界存在還是不存在？存在。那上帝是不是萬能的？他是一個人格神對吧？但不是的，按照《摩西十戒》所述，那年摩西出埃及把紅海分開，這邊載歌載舞，那邊摩西在那山頂上受到上帝神啓的十條戒律，這說明還是有實實在在的上帝的。依據佛教，上帝實有，但是上帝不是萬能，上帝也不創造，上帝只不過是天人的一種，他有天眼，能看清這些東西而已！

所以佛教很尊重這一切宗教，也給這些宗教提供了一個有效的解決之道。所以非因、非緣、非自然，是指心的空性這個層面，心在外用這個層面有因有緣有自然，一切都在自然之中。但印度當時有個叫「順世論」的外道，它的思想是認爲這一切既然都是自然法則，那麼該殺生也是自然法則，該偷盜也是自然法則，這就徹底地倒向了消極無爲。

請大家跟我合掌
願消三障諸煩惱
願得智慧真明瞭
普願罪障悉消除
世世常行菩薩道
普願一切見者聞者聽者
遠離痛苦之因、痛苦之緣、痛苦之業
普願一切見者聞者聽者
建立解脫之因、解脫之緣、解脫之業
普願一切見者聞者聽者
快樂安詳得以解脫
願一切眾生
快樂安詳得以解脫
願一切眾生
快樂安詳得以解脫
願一切眾生
快樂安詳得以解脫

第二十九品

威儀寂淨分

請大家合掌
南無本師釋迦牟尼佛
南無本師釋迦牟尼佛
南無本師釋迦牟尼佛
無上甚深微妙法
百千萬劫難遭遇
我今見聞得受持
願解如來真實意

「須菩提！若有人言：如來若來若去、若坐若臥，是人不解我所說義。何以故？如來者，無所從來，亦無所去，故名如來。」

這個品也分得好，寂靜就是說不動，威儀呢？就是顯現的威儀，行、住、坐、臥。既威儀又寂靜，既寂靜又威儀，說的是什麼呢？

須菩提，如果有人說，如來好像來了，好像去了，好像坐的，好像臥的，世人怎麼認爲？「不解我所說義」，爲什麼？因爲如來者無所從來，也無所去，所以才叫做如來。那麼各位想想看，釋迦牟尼到底來沒來？來了？所以若來。那釋迦牟尼有沒有涅槃，有沒有去？有。今年是佛去世後二五五二年，他出生在迦毗羅衛國，是淨飯王的長子，並且是以太子的身分繼承王位，爸爸叫什麼，媽媽叫什麼，叔叔叫什麼，姨母叫什麼，全都有眞名實姓。全都是實實在在的，爲什麼不能夠認爲有一個如來在若來若去，若坐若臥呢？如來，如其本來的意思。不但如來如此，宇宙間的萬世萬物叫做諸法，諸法皆如其本來。如其本來是什麼樣子呢？如其本來的自然現象，生命與無生命有沒有來

去？虛空粉碎了，回到自然，那自然在哪裡？又在虛空。這不是「鹿旁即馬，馬旁即鹿」嗎？沒有回答，成爲戲論。萬事萬物，無所從來，亦無所去，故名如來。我們認爲的一切「不常即常」，所以佛說的對治法用無常。我們的世界一切都是在變化、生滅，但是我們不接受，不了解，所以把一個生滅變化的世界認爲恒常不變，所以我們痛苦。

現在有一類解釋，他完全用科學來注解這一段，他說我們用肉眼觀察到的生滅變化是很粗的那種變化，很微細的我們並不知道。微細到什麼程度呢？這就得依據現在科學的手段了，比如我們的電、聲、光，他的生滅速度是多少？每秒鐘十的二十二次方，這就是電流的速度，我們肉眼觀察不到，所以我們把一個相似的壽者相，電流的流動認爲它是不變的，是吧？比如咱們在物理試驗做串聯小燈泡時，當電很微弱很微弱的時候，會看出先後亮起的順序，可是電量足夠強足夠穩時，是一瞬間就亮，但是這一瞬間實際上還是有先後。所以我們被自己的假象蒙住了。那佛陀以他的智慧之眼觀察到這個實相，告訴我們，抓住的那個不生滅的相，實際上是生滅相。

所以佛法叫做難信之法，什麼叫做難信呢？這些道理，這些自然法則，是本來就這樣子的，不生不滅的，不來不去的。本來就這樣我們相信不相信？不相信。我們一定認爲有一個生死之外的解脫在那兒，有一個自由在束縛之外等著我們，沒有想到在所有的束縛之中，我們本身就安住在大自然之中。

所以佛在《涅槃經》裏面跟弟子們講，菩薩們看到佛要涅槃了沒有人哭，大家知道這只是一個遊戲，因爲佛無所從來也無所從去。但是阿羅漢弟子們，像阿難呀，很多弟子就痛哭，捶胸頓足的，就跟咱們普通人沒什麼兩樣。老師走了，人間沒有燈了，火炬滅了，佛去之後我到底依靠誰？哭啊哭啊，但是你看文殊菩薩、觀音菩薩他們在佛陀身邊好像看遊戲一樣，在凡夫看來這些菩薩怎麼有些無情寡義的。所以我們所謂的情義，實際上是妄，是妄念。

但是你說「佛說情義者即非情義，是名情義」，從此我都寡恩薄義的，行不行？那中華民族的民族之本，滴水之恩當湧泉相報就給否定了嗎？我們是以孝傳承，以孝治國的，因此在古代常說尋忠臣需從孝子中去找。我們這是有它的虛幻性，所以一切法都是很虛幻的，但是在虛幻中有一個實實在在的不虛幻的，那個不虛幻的就是沒有生沒有滅，沒有來沒有去。因此當年龍樹菩薩就做了一個《中論》，叫諸法不生亦不滅，不來亦不去，不一亦不異，不垢亦不淨，叫八不。我們可以無限地推演，是不是？不長亦不短、不黑亦不白，等等。所以我們要慢慢體會，金剛經這些個道理都是讓你坐下來慢慢玩味的。

我們再來看佛所揭示的自然現象，在我們心念叫做生住異滅。是個生滅相，生，生起一個念頭；住，住一段時間；然後異，變異、變化。那從我們個體生命現象上說，叫生老病死。從一個事物的發展，叫起源、經過、高潮與結尾，任何一個事情，一個王國都如此。那從外在的山河大地，這些無情的生命，叫做成、住、壞、空。所以整個從外在的無情生命，到我們的個體肉體生命，再到我個體生命內在的心靈內心，無不遵從這個自然法則，成住壞空，生住異滅，生老病死。所以佛陀是高度概括、高度歸納、高度認知和洞見。

請大家跟我合掌
願消三障諸煩惱
願得智慧真明瞭
普願罪障悉消除
世世常行菩薩道
普願一切見者聞者聽者
遠離痛苦之因、痛苦之緣、痛苦之業
普願一切見者聞者聽者
建立解脫之因、解脫之緣、解脫之業
普願一切見者聞者聽者
快樂安詳得以解脫
願一切眾生

快樂安詳得以解脫
願一切眾生
快樂安詳得以解脫
願一切眾生
快樂安詳得以解脫

第三十品

一合理相分

請大家合掌
南無本師釋迦牟尼佛
南無本師釋迦牟尼佛
南無本師釋迦牟尼佛
無上甚深微妙法
百千萬劫難遭遇
我今見聞得受持
願解如來真實意

「須菩提！若善男子、善女人，以三千大千世界碎為微塵，於意云何？是微塵眾寧為多不？」須菩提言，「甚多，世尊！何以故？若是微塵眾實有者，佛即不說是微塵眾，所以者何？佛說：微塵眾，即非微塵眾，是名微塵眾。世尊！如來所說三千大千世界，即非世界，是名世界。何以故？若世界實有者，即是一合相。如來說：〈一合相，即非一合相，是名一合相。〉須菩提！一合相者，即是不可說。但凡夫之人，貪著其事。」

須菩提，如果有善男子、善女人，把三千大千世界碎爲微塵，會怎麼樣？那麼像這樣的微塵眾，多不多？須菩提說：當然甚多，世尊。何以故呢？「若是微塵眾實有者，佛則不說是微塵眾」。那佛法認知從色法上佔有空間、佔有體積、佔有形象，能夠被我們的眼根所認知的色法叫做「有表色」，是可以被看見的。還有一些色法是無表色的，比如說微電波、電流，比如風，風看不見摸不著，是因爲有參照物才有。所以有表色、無表色，都是色法。

所以「若是微塵眾實有者，佛即不說是微塵眾，所以者何」呢？佛說微塵眾，是假名微塵眾，它不是有個實體的微塵眾。比如說把最小可見的顆粒七等分，再聚合成一個微塵，把十個、百個、千個、萬個、億個微塵聚在一起，就叫做什麼？可能叫做土，可能叫做山，可能叫做樹。因此在這一點上「一合相」，什麼叫一合相？諸緣和合而生，就叫一合相。

一合相只有在《楞嚴經》中解釋得最透徹。山河大地、日月星辰如何聚集、顯現成被我們所認知，全人類的眼裏地球是共同的，大家都能接受它是地球，這叫做共業。但是在共業中又有別業，雖然我們都生活在中國，但有人生活在南方，有人生活在北方，有人生活在水深火熱之中，有人生活在天堂之中。因此佛法的體性叫做平等不礙差別，差別不妨礙平等，就因爲他一切平等，所以才顯現的出差別相，但是差別中又有一個無分別的平等。比如說，我們都用腳踩著大地，作爲每一個個體生命來講，在這件事上是天賦的生命權，不叫人權，佛法的這種平等是生而平等，是生命的自由和權利，是本來如是。比如從出生到死亡，這個過程可能不盡相同，但是從出生到死亡，這個現象是人人平等的。也許這個過程中，有各種各樣的欲望得到滿足就歡喜，有各種各樣的欲望得不到滿足就悲傷，儘管發作時間不同，發作程度不同，發作力度不同，但是對生命本身的干擾，讓它不自在不快樂，是完全平等的，因此無論從哪個角度，最後都是——「是法平等，無有高下」。

世尊！如來所說三千大千世界，又不是世界，是名世界，爲什麼呢？如果世界實有，就是一個一合相。本來沒有世界，按照佛教的宇宙觀、世界觀，這個世界最中心的是什麼？經常看到火山爆發是什麼大？火大，所以在海面上也經常升起火光，海水裏面火大孕育其中。然後是地大。地球上到底水多還是陸地多？水多，水包著土，也就是包著地大，然後這個水爲什麼不流失到別的星球去呀？是風大給它拖住了，所以風大在外，然後水大其次，然後地大再次，火大在內心。

二〇〇二年，有幾個清華大學和中科院的小夥子，都是佛教徒，發心做了一本書《佛學觀與科學觀》，後來據說其中一個小夥子已經出家了。因爲他作爲一個物理學家，作爲一個科學家發現他研究來研究去的關於生命的實相、宇宙的實相，佛早就已經告訴我們了。所學的、所問的，都已經沒有意義了，所以他就出家了。

所以「一合相」就是這樣的，地、水、火、風，還有個空。風從哪裡颳來？虛空中颳來，到哪裡停呢？停進虛空去。所以地、水、火、風、空，這個叫做五大，構成我們宇宙基本的五大因素。見和識純粹是生命的，如果只有地、水、火、風、空這五大，只有自然，沒有生命，但是有了見和識，才會有有情生命，因此一個星球有沒有生命，以有見有識爲標誌。那以現在的科學認知，我們認爲月亮上不能有生命居住，火星上不能有生命居住，太陽上不能有生命居住，是不是呢？不一定。因爲生命的種類是無窮盡的，生命的現象無窮盡。

《金剛經》一開始就說了，所有一切眾生之類，若卵生、若胎生、若濕生、若化生、若有色、若無色、若有想、若無想、若非有想非無想，九類眾生全都包括了，所以生命種類應該是無限的。所以有大預言家預測未來三十年的戰爭，是因爲自然資源的掠奪。須菩提，那就是不可說，因爲說了就是錯，但是凡夫之人貪著其事，就是這個道理。

請大家跟我合掌
願消三障諸煩惱
願得智慧真明瞭
普願罪障悉消除
世世常行菩薩道
普願一切見者聞者聽者
遠離痛苦之因、痛苦之緣、痛苦之業
普願一切見者聞者聽者
建立解脫之因、解脫之緣、解脫之業
普願一切見者聞者聽者

快樂安詳得以解脫
願一切眾生
快樂安詳得以解脫
願一切眾生
快樂安詳得以解脫
願一切眾生
快樂安詳得以解脫

第三十一品

知見不生分

請大家合掌
南無本師釋迦牟尼佛
南無本師釋迦牟尼佛
南無本師釋迦牟尼佛
無上甚深微妙法
百千萬劫難遭遇
我今見聞得受持
願解如來真實意

「須菩提！若人言：佛說我見、人見、眾生見、壽者見。須菩提！於意云何？是人解我說義不？」「不也，世尊！是人不解如來所說義。何以故？世尊說：我見、人見、眾生見、壽者見，即非我見、人見、眾生見、壽者見，是名我見、人見、眾生見、壽者見。」「須菩提！發阿耨多羅三藐三菩提心者，於一切法，應如是知，如是見，如是信解，不生法相。須菩提！所言法相者，如來說即非法相，是名法相。」

佛教的解脫叫做五分法身香。我們現在到寺廟裏去都是爲了請個香，目的是爲了心願得以靈驗，一根不行三根，三根不行九根，九根不行九捆，九捆不行九火車廂，認爲這才有功德。但是佛教眞正的五分法身香，第一個叫做戒香，因爲你持戒。持戒，在家人有五戒，有八關齋戒，有菩薩戒，有六重二十八輕菩薩戒；出家人有沙彌十戒、女眾有沙彌尼十戒，比丘二百五十戒，比丘尼三百四十八條戒，因戒而生香。

大家都知道，有些人會因爲自然環境或自身原因，身體會產生出種種氣味。但是你看有些老道、和尚，作爲一個修行的人，髒兮兮的，好久不洗，卻沒有異味，就是因爲他持戒而來的香。所以他叫戒香。然後他生起定，有定的香。那你想想「聽君一席話，勝讀十年書」那是不是慧香？智慧的香。然後還有一個叫解脫香，這個人從所有的煩惱中解脫出來了，你在他身邊，不聽他說話，就跟他走一走，看著他，笑一笑，你就解脫了，你就分享得到。解脫知見香。如果認爲自己解脫還沒有到家，已經超越了解脫不解脫，這樣的人，他可以「合其光而同其塵」，可以穢身溺跡，讓自己像個廁所一樣的，跟別人打成一片。溺跡，專門讓自己的行爲很污濁。很多的大修人，讓自己的行爲很污濁很污濁。爲什麼？因爲他發現這個度眾生太難了，算了，他自得其樂吧。這樣的老和尚很多很多。

像我師父的老師公，解放前在武漢時，每天晚上關了山門，他卻從一個小洞鑽出去，拎一個小酒葫蘆跟人家打牌去了，天天醉醺醺地輸了錢回來，給那一點點供養全喝了酒和賭出去，天天如是。但是呢？他老人家死得卻很開心，他說我明天要走了，大家都以爲這個傢伙在胡說八道，整天不務正業的，說明天走就走了，不讓任何人牽掛。預知時至呀，這個修爲功夫很深的，他能自己知道離開的時間。他不是死，他只是搬走了而已。他的寄居的這個肉身，地水火風空，怎麼了？放下了。然後那個識呢？到另外一個地方去，他知道，所以叫解脫。

「知見不生分」，如果我們認爲自己還有解脫，那功夫就還不到家，也就是第九品所說的，「須陀洹能作是念：〈我得須陀洹果〉不？斯陀含能作是念，阿那含能作是念，阿羅漢能作是念，〈我得阿羅漢道〉不？」沒有。如果阿羅漢作是念，我得阿羅漢道，佛怎麼說？佛即不說須菩提是樂阿蘭那行者！以須菩提實無所行，是名阿蘭那行者，一個道理。

如果有人說：佛說我見、人見、眾生見、壽者見，須菩提，那麼這個人能夠明白我所說的道理嗎？不能，世尊，這個人是沒明白如來所說的道理，爲什麼呢？世尊說我見、人見、眾生見、壽者見，就不是有一個實實在在的我見、人見、眾生見，壽者見，只不過假名爲我見、人見、眾生見、壽者見。

須菩提，發無上正等正覺之心者，「於一切法，應如是知、如是見、如是信解，不生法相」。如是知，如實的了知。那實事求是這四個字跟「如是」有沒有關係呀？實踐是檢驗眞理的唯一標準，是不是如是知、如是見、如是信、如是解，不生法相。「須菩提，所言法相者」，如來說即非法相，是叫做法相而已！

請大家跟我合掌
願消三障諸煩惱
願得智慧真明瞭

普願罪障悉消除
世世常行菩薩道
普願一切見者聞者聽者
遠離痛苦之因、痛苦之緣、痛苦之業
普願一切見者聞者聽者
建立解脫之因、解脫之緣、解脫之業
普願一切見者聞者聽者
快樂安詳得以解脫
願一切眾生
快樂安詳得以解脫
願一切眾生
快樂安詳得以解脫
願一切眾生
快樂安詳得以解脫

第三十二品

應化非真分

請大家合掌
南無本師釋迦牟尼佛
南無本師釋迦牟尼佛
南無本師釋迦牟尼佛
無上甚深微妙法
百千萬劫難遭遇
我今見聞得受持
願解如來真實意

「須菩提！若有人以滿無量阿僧世界七寶持用佈施，若有善男子、善女人發菩提心者，持於此經，乃至四句偈等，受持讀誦，為人演說，其福勝彼。云何為人演說，不取於相，如如不動。何以故？」「一切有為法，如夢幻泡影，如露亦如電，應作如是觀。」佛說是經已，長老須菩提及諸比丘、比丘尼、優婆塞、優婆夷，一切世間、天、人、阿修羅，聞佛所說，皆大歡喜，信受奉行。

如果有人以滿無量的阿僧，阿僧又叫做無量，無量的無量。還有世界七寶拿來佈施，其功德會怎麼樣？功德會不可思議的。但是如果有人發菩提心者，持於此經乃至四句偈等，「受持讀誦，為人演說」，其福德和功德勝於佈施。那沒有菩提心持於此經，有沒有這個功德？沒有發起過上求佛道、下化眾生之心，沒有想要服務社會、回報他人之心，只是想我要求福、求長壽、求健康、求官位、求發財、持於此經，乃至四句偈等，受持讀誦，爲人演說，會有福德嗎？不會有的。

所以那麼多人修來修去命沒有改，業力沒有改，福報沒有現前，什麼原因？沒有發菩提心。那麼多人出家的、在家的、去修行佛法，做了很多很多事，但他沒有發菩提心，他一切都是爲了自己去著想。上求佛道是指要從智慧上完善自己，才有幫助眾生的可能性；下化眾生，教化、救度一切眾生。

「云何為人演說，不取於相，如如不動」。因爲佛法上叫做法不孤起，仗緣而生。任何一個法是不能孤立而顯現成的，所以叫做仗緣，仗緣而生，要依賴條件而生。佛法要興旺時，自然就會有各種條件顯現，佛法要衰微時，也是各種條件都是破壞的。你不用去算，你觀察一個因緣，你動一個念頭，你想做一件事，你看是幫助你的多還是破壞你的多？如果是幫助你的多，破壞你的少，這個事必然做起來得心應手。當然會有問題，但問題沒有解決辦法多。如果你做一個念頭想要做這件事，阻礙比幫助的多，那一定是問題多過解決辦法，總會讓你退縮，所以叫法不孤起，仗緣而生。那麼我們要「不取一相，如如不動」，這樣地去弘法，去幫助別人就對了。

「佛身充滿於法界，隨緣赴感彌不周。」就是沒有佛光照不到的地方。「千江有水千江月」，月亮雖只有一個，但是有這麼多水，有一個鏡子就有一個月亮，是不是這個道理？那也就是說佛、佛的智慧、佛的慈悲，佛的平等，如如不動，你眾生有需求，他就隨緣赴感，哪裡都能夠感受得到。

那佛力的不可思議怎麼顯現呢？你明白了、接受了、信了，然後理解了、去行、去持，你就開心了、快樂了，這說明佛力已經加持到我們，你不必非等到釋迦牟尼跑過來拿個花籃擱到你頭上，所謂的灌頂了。

你已經開心了，你已經從生命的困惑和迷惑中醒過來了，你已經能夠自己讓自己的生命有品質、有分量、有價值、有意義了，那不是佛力的顯現是什麼？所以佛力現一切處，佛身更現一切處，只不過看我們信不信。信了還不行，還要能正確地了解，只有了解了，才能體會到「朝朝共佛起，夜夜抱佛眠」那個境界。

再來體會祖師說的「行亦禪，坐亦禪，語默動靜體安然」。你行也是禪，坐也是禪，說話也是禪，沉默也是禪，動也是禪，靜也是禪，這完全是從生命個體來說的。那從外在的山河大地呢？

蘇東坡說過：「溪聲儘是廣長舌。」廣長舌是佛的三十二丈夫相中的一相，廣長舌，他的舌頭一伸出來能夠把整個面覆蓋到，因爲他無量劫來，守不妄語戒守得好，所以一個不說假話的人，他的舌頭也一定能有力量。「溪聲儘是廣長舌，山色豈非清淨身。」清靜法身毗盧遮那佛，就是山色；「夜來八萬四千偈」，鳥叫蟲鳴溪水流，有人打嗝有人放屁，竟然全是四句偈；「他日如何舉示人？」大家想想看你在這個狀態，你怎麼去分享給別人？「一切有為法，如夢幻泡影」，一切全是有爲法，一切有爲法如夢，好夢尤其不願醒。如夢、如幻，變魔術般。「如露亦如電」，如露，像早晨的朝露，譬如朝露，去日無多。亦如電，電光石火一剎那，所以叫做六如。

明代著名畫家唐伯虎叫六如居士。他的草堂叫六如草堂，在蘇州。他曾寫過：「桃花塢裏桃花庵，桃花庵下桃花仙；桃花仙人種桃樹，又摘桃花賣酒錢。」「他人笑我太瘋癲，我笑他人看不穿，不見五陵豪傑墓，無花無酒鋤作田。」

還有很多詩人都是居士，像李白、陸游、辛棄疾、王安石、范仲淹，他們的禪定功夫都很深。所以「一切有爲法，如夢幻泡影，如露亦如電，應作如是觀。」有人讓我不開心，如夢幻泡影，如露亦如電，應作如是觀，這就是用法力化解煩惱。

「佛說是經已，長老須菩提及諸比丘、比丘尼、優婆塞、優婆夷」，出家的男眾，女眾。優婆塞叫男居士，優婆夷叫女居士。「一切世間、天、人、阿修羅，聞佛所說，皆大歡喜，信受奉行。」你看歡喜了，其實不是的，每一個經後面一定有四個字：信、受、奉、行，信受奉行才是目的。

一部《金剛經》實際上只有五千八百字，老子的《道德經》也是五千多字。你說他們是不是商量好了？兩個五千言，結果確讓人類的精神史上、修行史上、心靈史上爆發出這樣巨大的智慧火花來，眞的是很難得。所以叫：「眞傳一句話，假傳萬句經。」

那我們把這七天來所講的做一個高度的概括。也就是如何來引導我們的修行，我們的修行如何落實到生活中。

《金剛經》法意總歸來叫做什麼？如是。如其本來，凡所有相皆是虛妄，若見諸相非相，即見如來。諸法者無所從來亦無所去。然後若有人言，怎麼著？如來有坐有臥，以音聲求我，以色見我，世人行邪道，不能見如來。那麼既然都達到這個空性了，還要度有色、無色、有想、無想、非有想、非無想九類眾生，胎卵濕化，令他們都達到涅槃的彼岸，生其心度眾生。但生其心度眾生之後呢？滅度一切眾生已，而無有一眾生實滅度者。然後我們明白了空的這一念，明白了有的這一念。然後空有不二，應無所住而生其心，無所住是空的，生其心是有的。但是生其心是幻有，無所住是本空。眞空妙有，兩者不二。因此《金剛經》是中道的，非常中道。所以它叫般若波羅蜜多，金剛般若波羅蜜能斷一切的煩惱，而不被煩惱所污染，這是《金剛經》的本義。

那麼我們一旦明白了這個意思，會不會來指導我們的身、口、意的行爲呀？當然會了。身、口、意的行爲，該去服務他人，去度別人，度完了怎麼樣？實無眾生可度者。凡所有相皆是虛妄嘛。如果有個煩惱在你的心裏住胎了，然後鬱鬱了好久，想想怎麼也化解不了，你就用這個方法來對治，用有爲法，如夢幻泡影，如露亦如電。

本來無我相、無人相、無眾生相、無壽者相，又哪來的憤怒可得呢？既然無憤怒可得，又哪來忍辱可修呢？既無忍辱可修，又哪來的佛法可得呢？好了，應無所住而生其心，安住在其中，享受內在的法樂，內在的法樂一旦得到了，你是不是一個在家人的身分？你是不是有工作？你是不是有家庭？那你就把你的責任、你的義務毫無懼怕、毫無怨言地承擔，兌現你的人生價值，體現你的人生意義去。如果每個佛弟子都能這樣積極地承擔自己、承擔社會、承擔民眾，這個世界很簡單。是不是？非常簡單。

眾人皆醉我也醉，眾人皆醒我不醒，可不可以？都可以。所以一個眞正的解脫人，觀察因緣，「法不孤起，仗緣而生」。有條件我可以幫助他人，那我就去說，沒條件幫助他人，我就自己內得其樂，沒有問題。因爲我們每個人來到這個世間，既有業力逼迫我們來的，也有願力引導我們來的。業力逼迫，我們不得自由，所以被動的，總是充滿了勞累感、疲憊感和無奈感，但是願力而來的，我們有一種法喜，有一種承擔，有一種雖苦猶樂的那種狀態，很開心很充實呀！就是那個樣子。

當下觀察因緣，有些人這個大願很強，我一定要廣度眾生，爲什麼都可以獻出一切，然後試了三天，過剛者易斷。所以要慢慢地掌握到我們這裏說的六度：佈施、持戒、忍辱、精進、禪定、智慧，叫六波羅蜜，但這還不夠，這完全是內受用，向自己內心來完成的，還要有四個他受用的：方便波羅蜜、願波羅蜜、力波羅蜜、智波羅蜜，這四個是完全向外的，如何去服務社會？度化他人？雖然你願意，但你得有智慧，這個智是方便智的意思，完全是外用的嘛。你要去度打麻將的人，去了就把他抓住，跟你來打坐念佛，人家接受嗎？不接受，對不對？你跟他們應以何身得度者，即現何身而爲說法。這就是菩薩，他能夠披了一個不被染污的鎧甲，能夠出入到各行各業去，去度化眾生。你得有力量，剛度了一下，就覺得還是自了好，度人好難，就跑回來了，那不行。一定要披精進甲，然後去俘虜他人，沒有退縮之心，然後還一個，方便波羅蜜，你有無窮盡的方便。

所以觀音菩薩叫千手千眼，什麼意思？他絕對不是長著一千隻眼睛，一千隻手，要眞的長這樣來到人間，絕對是怪物。楊二郎三隻眼咱們已經怕得不得了，因爲我們司空見慣是跟生命打交道，就是兩個眼睛、兩個鼻孔、兩個耳朵、一個嘴巴，所以這就是他的方便波羅蜜，這完全是外用的，分享這個世間的。所以一個修行人把這個高度地融會貫通於心，從道義上明白了，解決自己修爲的問題，然後去服務社會，但服務的同時，叫如如不動，不取於相，不捨一法，不立一塵，掌握這個高度原則的，是很開心的。

「猶如蓮花不著水，亦如日月不住空。」各位就算得到了《金剛經》的法樂，也就分享到了這種法喜。但是說一千道一萬，回過來按照我說的奘三條，尤其第三條，每天十五分鐘固定一個時間，固定一個地點來打坐，一定對我們有莫大的幫助。還有另外一個方法。例如你說眞的是坐不住，那我還有一個方便方法，週末你就溜溜達達走到我們寺廟，坐下來，你來用毛筆抄《金剛經》，抄三、四個小時，你不要說是爲了抄給某人看，不要說抄給菩薩看，抄給佛看，你只是抄給自己的心，抄給那顆不平靜的心就夠了。拋棄所有的技巧，只是抄就行，以我這八年的經驗，越是這樣的抄越是能得到一種定的快樂。一開始前半個小時會狂躁不安、抓狂，好多人從來沒有拿過毛筆，不管對錯，塗呀塗呀，有的女孩子還打嗝，哪有寫毛筆字還打嗝的？沒關係，都隨它，然後你看四個小時下來後都安靜了，你讓他出來他也不出來，很神奇。然後休息一下，我們下午給大家講講《金剛經》的簡單的開示，我在場可以跟大家交流分享，我不在場可以根據這本書，還有我這些弟子們一起來與大家分享交流。到了傍晚，自己走走路，看看山

花，看看溪水，聽聽鳥叫，領略領略微風。因爲我們懷柔那些寺廟，是六個寺廟連成一片的，風景是很美的。在這優美浪漫的環境中，讓大家體會到修行乃人生大樂也。

我希望大家能夠把佛法變成生命的力量。生命與生命之間是緣起的，對不對？所以不用擔心沒人去弘法，只擔心每一個個體是否能夠領略到佛法的神韻，只要他領略到了，分享是法而如是，他不會祕而不宣的，他一定會分享，這是法本身的力量，不是佛的力量。

所有法的力量就是傳遞，是吧？法輪就是傳遞，我們願把我們這種《金剛經》的智慧、佛法的智慧、禪的智慧、生命的藝術的智慧，能夠在自己的身邊先從自我做起去分享身邊的人，先影響自己的家人，先去讓自己的家人分享，讓自己的同事分享，乃至動物花鳥蟲魚都能夠分享到。這就是法的力量，我們能夠把這些法的力量傳遞出去，就是我們這個講經的最大的樂趣吧，最大的收穫。

所以有一次我在廬山講經時，那也有些學生問我：奘師你每天樂此不疲地開創這樣、那樣的活動、到處講課，我看你也傻乎乎的，整天就是自己出機票錢、自己弄這個，你樂趣何在呀？我告訴他我的樂趣很簡單：「得天下之英才而教之，我所樂也。」把我所知道的一點點的佛法，盡我可能地說得明白，讓大家能夠分享到，這就是我的樂趣，這種樂趣推動了我，讓我講了一次還可以再講，不嫌煩，這就是我的樂趣，所以我也毫無保留地分享給各位。

❖明奘開示

問：您這個佛法跟活佛有什麼區別呢？我在自己打坐時候，這個思想很浮躁，這是什麼原因成的？

答：在過去我們是有一個很嚴格的界定，在藏傳佛教地區，我們漢傳佛教俗稱「青教」，我們穿那個僧服都是灰色的，所以叫青教，廟裏也多是青瓦灰瓦。在藏傳地區漢傳的不去，在漢傳地區藏傳的不來，一向保持著井水不犯河水的狀態。

活佛的意思就是轉世的修行人，依據六道輪迴來說，大家想想看，我們哪個人不是轉世修行人？依據佛法「一切眾生皆具如來智慧德相」，哪個不是睡著的佛？都是啊，我們全都是啊。但「一念迷則佛即眾生，一念覺則眾生即佛」，那每個人都是活佛，是不是？所以這是我們漢族人人爲地創造了一個不可思議的、有特殊超強本領的名詞：活佛，這是我們漢人自己做的。

因此我們要知道正本清源，現在有很多所謂的活佛，從我個人的理解和認知來看，有點過頭，就像我昨天批評淨土宗一樣，密宗有他過頭那一面：無論什麼樣的根基、什麼樣的修行人，念一個咒子就能夠得到那個最終的解脫結果。這個不現實，非常非常不現實。拿一個三千年的榆木疙瘩，再拿一個三千年的鐵礦石，然後擱在一個煉鋼廠裏煉，出來都是阿彌陀佛，我不相信，我絕對不相信，釋迦牟尼本人來跟我說這個事兒我也不相信。因爲他違背了自然法則對不對？佛法叫做「我有一切心，則有一切法，我無一切心，何需一切法」。佛法是個對治法，「應無所住而生其心」。佛法是對治煩惱而安立的。不論弟子的根性，上來全一味的一個教育，那它就是宗教。佛法不是宗教，佛教是宗教情有可原，佛法一定是純淨的教化和教育，教育人什麼？爲善。教化是讓他有智慧。所以從教育到教化，是有次第，那佛法是這個特色，所以有所不同。

打坐中有各種各樣的妄念，太正常了，人無念則死，對吧？所以人的念頭、心和我們的氣和息四個東西是融爲一體的。爲什麼我在教大家修定的時候，既不念佛也不念咒也不誦經，觀察呼吸呢？心、氣、息、念四個是不可分割的。馬上給大家體驗一下。來，揑住鼻子停下呼吸，所有的人。好，有念頭嗎？（觀眾回答：沒有。）

很神奇吧，所以氣、息、念、心是一體的。心和念是兩個東西，氣和息是兩個東西，它是一體的。慢慢地我們從氣和心向到念和息，所以佛陀叫這個法叫做念住，你看四念住到哪兒去了？大念住、四念住全是讓我們念、安住的意思。這個住不是停是安住的意思。慢慢體會，這個是對人人都好用，因爲當下一分鐘你就能體驗到了，對不對？擔心什麼妄念不妄念，「凡所有相皆是虛妄」，對不對？既然是妄念就是有爲法，一切有爲法如什麼？「如夢幻泡影，如露亦如電，應作如是觀」。所以修行即是慢慢地掌握這些法位、法意、法理。

問：我現在三十八歲，學佛五年，現在不願工作，想清靜地學習佛法，雖家裏沒有違緣，但不能遇到指導自己學習的師父，我現在該怎麼辦？

答：我想如果差不多了，三十八歲既然是這樣子，那麼不如出家算了。既然你想清靜地學習佛法，家裏又沒有違緣，福報滿大的，那就乾脆找個師父，是吧？抓個鬮就跟師父走了，上山學道去。

問：已經有人問過您堅持跟執著的區別，但我還是不明白，還想問一下，比如我們要做一件事情，我們可能有個目標然後就會盡全力去做，不管遇到挫折還是失敗我們都還是要去做，這樣子算不算一種執著？

答：你看人家都問完了，你到現在還抓著不放，你這叫堅持還是執著？你跟那個老和尚和小和尚的故事有啥差別呢？老和尚和小和尚過河，結果河水暴漲，一個女孩子過不去，老和尚二話不說把女孩子抱住，到了岸就放下走了。走了有二里地了小和尚說：師父，戒律男女授受不親嘛，你怎麼能抱她呢？你猜老和尚說什麼？老和尚說：我過了河就放下了，你怎麼倒抱到現在呢？是吧，就是這個樣子。

至於執著和堅持，和尚說放下、無所執，但是我們到雲居寺去看看房山石經，從隋朝靜琬禪師開鑿，到清朝結束，歷經隋、唐、宋、元、明、清六個朝代再加五代十國，加上五胡亂華那些時期，多少個朝代？你說這是堅持還是執著？你沒有堅持的精神，怎麼能做出一個人類石刻史上這麼大一個工程呢？所以「可爲其事，不可有其意」。堅持和執著，一定要做，這就是態度，我們如果爲了過程做這些事情，大家都開心，如果爲了結果而犧牲過程，那麼大家都會很痛苦。至於你說一定分出執著與堅持，不好說，因爲這兩個字本身就是一個意思，是吧？你說天天教人打坐這不是堅持是什麼？你說你一定要打坐才能怎麼樣不是執著是什麼？對不對？全都一樣，所以不好說，只有善體善用，運用之妙在乎一心。

問：人需要多做善事、心存善欲，可是當善良沒有智慧相隨時便會愚癡，那若沒有得到智慧，善良如何不會成爲愚癡？

答：我推薦你去看看《了凡四訓》，去看看這個袁了凡先生關於善的如何區分，這個世間善法他說得很透很透的。

問：人活著是爲了什麼？做不到無我怎麼辦？放不下又怎麼辦？

答：人活著就是爲了活著。可以看看葛優演的電影《活著》，余華寫的小說。做不到無我怎麼辦？做不到無我天天在這兒貼個條子，往這兒一貼，無我了？還是有我了？那一定是有病的，是吧？慢慢地體會，打坐中體會到身心的虛幻。「四禪八定」叫「初禪、二禪、三禪、四禪」，它每一層定有一個心理和生理的指標，初禪有五個指標，叫做尋、伺、喜、樂、心一境性，二禪叫有伺無尋，三禪又捨一個。生喜樂，定生喜樂，離喜妙樂，捨念清淨，層層的，它有心和身的雙重指標，那你一旦達到了識無邊了，純識無身，自然的無我你就體會到了，一切唯心造，你已經明白了。所以佛教裏這個佛經全是境界，實實在在的科學境界，你體驗不到就如天書，體驗到了它就是實實在在的，所以《金剛經》說：「佛是眞語者，實語者，如語者，不誑語者，不異語者。」他完全是境界，你在哪個境界，沒有任何神奇的。

放不下又怎麼辦？當年人家問趙州禪師：「一物不將來時如何？」趙州禪師說：「放下呀！」「一物不將來時如何？」也就是說我拿一個什麼都沒有來了，那趙州禪師說你還認爲有個什麼都沒有，放下它。這個當時請教的人叫嚴陽尊者，然後他說：「放不下呀！」趙州禪師說：「那就擔起來吧！」既然放不下那就擔起來吧，非常簡單。

問：網上有同修想皈依奘師，請教皈依的條件？

答：五戒：不殺生、不偷盜、不邪淫、不妄語、不吸食麻醉品，然後再加奘三條：每月收入的百分之一無條件地回饋服務社會，每週三個小時做義工服務社會，每天十五分鐘打坐，就這八個條件。

問：《金剛經》說「有爲法如夢幻泡影」，無爲法又如什麼呢？

答：無爲法就是如如不動，如其本來，如是如是，是法平等無有高下，那些全是無爲法。《百法明門論》所謂一百種法，九十四種都是有爲法，只有六種是無爲法。比如說空間、虛空是有爲還是無爲？我們佛性的本體是有爲還是無爲？自然法則是有爲還是無爲？無爲。所以這無爲法就是這樣子。無爲法，那麼就一切本來現成，那就是無爲法。

問：佛法到底是唯心主義、還是唯物主義呢？

答：你們看過《天龍八部》嗎？慕容博和蕭遠山，最後兩個人在少林那個掃地神僧面前，他讓他們倆怎麼樣？互相對打，然後再怎麼樣？融爲一體，兩個人哈哈大笑，一笑泯恩仇。所以在佛法裏邊，唯物也好、唯心也好，各打三十棒，全都打死它，然後再撈回來。所以既非唯物也非唯心。但它可以隨時唯物也可以做到隨時唯心，這就是佛法。

問：空到底是什麼？它到底有什麼作用？

答：空什麼都不是，所以它能夠成就一切。

問：在家修行的人，要具備什麼條件才能受菩薩戒？

答：你願意就是了，只有你願意才可以，不願意的事，誰也不能強迫你。

問：怎樣的修行人，能夠給別人皈依並起法號？

答：按照佛法，受皈依時得到一個叫做「無表色」的戒體，納受戒體，這個戒體是從佛一直傳到我們現在，所以我們一定要依僧而得戒體。它不在乎是否舉行儀式、不在乎是否發皈依證，最關鍵要做法，所謂做法就是三皈三結，有這麼一個壇儀，哪怕三分鐘、五分鐘、十分鐘，壇儀這個地方是不能被打擾的，眼睛要看得清、耳朵要聽得清，你可以聽不懂但是你必須聽得清才行，看得見、聽得清然後不受打擾，這叫三皈。這個師父對著你來這等於這個叫無表色的三皈戒體，就納受於心了，它會產生力量，這個叫做無表色的力量，叫做三皈。

起法號也是中國人玩的遊戲，在佛陀時代不存在法號不法號的，你原來叫張三就叫做比丘張三，原來叫李四就叫做李四比丘。法號這是後來道安法師說「四姓出家，同一釋姓，四流入海，同一鹹味」，剎帝力、婆羅門、首陀羅、吠舍出家後都隨著釋迦牟尼姓釋了，按照中國的姓氏宗法制度傳承，所以後來我們出家人都有了法號也有了法脈傳承，像我這個臨濟宗、雲門宗。所以應該是請法師、比丘，一定是比丘，受了具足戒的比丘。沙彌還沒有資格，沙彌不在僧數，就守十條戒，哪怕他出家二十年在寺廟裏邊也只守十條戒，哪怕他活到八十歲他也沒資格給別人授三皈，所以要請比丘。

問：一個沒有出家的居士收了很多男女徒弟並皈依起法號，並點明徒弟上世的身分，讓其臣服不認親情，對這一現象師父如何看，對於迷途怎麼樣勸說？

答：我套用外交辭令，不好說，不好說。因爲已經既成事實的，是不是？有很多這類迷人自己有點修行、有點境界，然後他稍微有點這個特異功能，比如說天眼通，或者宿命通，知道他前生是怎麼怎麼著。比如我經常說，你前生是比爾•蓋茨的爸爸或者媽媽，是有一百萬億的存款，但是這一生你已經是乞丐家托生了，有哪條法律規定你還可以去拿回來？前生你是康熙皇帝，這生你是個在家人，一貧如洗又怎麼著？

所以佛法講叫「活在當下」，過去已過，過去心不可得，對不對？將來心呢？不可得，現在心不可得，活在當下，當下就在此時此地對自己的心負責任，這才是佛法。所以像這樣的現象，不好說。他們經常是以一種情感扭結，最後走上一種邪見，最後師封徒、徒封師，師父封徒弟你已經是某某地菩薩，徒弟封師父你已經是某某這個佛轉世了，這種情況可以肯定百分之百會走上邪教。

問：睡覺老皺眉頭很痛苦，是不是有特殊的修煉方法可以解決呢？每天早晚打坐好像也沒有變化和幫助。

答：有個辦法，我教你，每天晚上臨睡，拿個馬鈴薯切三片貼在眉毛上。把馬鈴薯切得厚一點，保持濕度，黃瓜太涼了，睡不著，馬鈴薯是最好的。我教過好多人，這眞的是個很有效的方法。

問：基督教說世界是神造的，是事先有設計的，您講這個世界先有風，然後一切從虛空來然後最後到虛空去，這個有點玄，我聽不懂，我想具體的了解一下這個世界是怎麼來的？

答：你聽說是設計的，是吧？實際上當年佛陀出世了，梵天王也不甘心，梵天王來找世尊辯論，說這個世界我是老大，你不能去這樣子。佛陀說：是你老大啊，都是你創造的？梵天王說：是的，是我創造的。好啊，佛陀給他帶一個人看，那個人殺了很多的生命。佛陀說：既然是你創造的，讓他死後上天堂好不好？梵天王說：這怎麼可能呢？他殺了那麼多的生命，那些個眾生是不答應的，我要是讓他上天堂了，那些個眾生會找我麻煩，我可不要做那個貪官污吏的。佛陀說：那你怎麼能說是你創造的？人是因爲人的作爲而決定生命的高與低，不是因爲他信什麼，既然這樣，你還能說是你創造的嗎？梵天王說：不是的。安靜了幾天，梵天王又來了，世尊，你不能老這麼說，老這麼說大家都不信我了，都信你了怎麼辦？他還說是他創造的，那佛陀說：好，既然是你創造的，從明天開始，你就讓太陽停在空中不動，好不好？梵天王說：那怎麼能行呢？它要停在空中不動，咱們印度這麼熱，那人不都烤乾烤死了，大自然的周行不息，法而如是的道理，它就是要太陽熱然後月亮升起來涼，所以寒暑四季它都要變化的，我怎麼能改變呢？噢，佛陀說：既然你創造了那你又不能改變，那你的創造又怎麼安立呢？

明白了嗎？所以要想學基督教，先把《聖經》看完了，把馬太福音、馬可福音、路加福音、約翰福音，把這四福音看完了，一定再找一九四五年在埃及出土的第五福音書看看。然後把耶穌基督十二年在印度、在中國的西藏地區學習婆羅門教和佛教的這個歷史找來看看吧。

問：既然空什麼都不是，怎麼能成就一切呢？

答：拔過自行車那個輻條吧？車輪子，所有的輪子它那個外圓是有的，但是那個中心點能有嗎？中心點必須是空的它才能走，如果它實在了它什麼都走不了，就安立不住了。你看如果沒有這個空，太陽往哪兒去？你說你內心裏不空，你怎麼能有智慧呀？你如果說你不空的話，你怎麼能長這麼大？對不對，如果種子不空它怎麼能開花結果？如果五臟六腑不空的話，怎麼能成爲人？

你的理解還是在二元對立的，在有和無之間，你不是空，是有和無，看得見的叫做有、看不見的叫做無，你是進入了道家這個境界了。佛家裏講空不是什麼都沒有，你說虛空是不是實實在在的有？是不是實實在在的有個虛空啊？所以它是有，有個實實在在的空，但是這個空是看不見摸不著，不能被我們的眼耳鼻舌身意感知的，淺層的認知還達不到而已！

問：比如說您剛才舉一個例子說到車輪，那中心點是空的，那麼周圍呢？周圍不是空的啊？

答：還是回到了這個有和無之間了。空的本意叫做不能獨立作主、不能恒常存在、被條件所制約，這叫做空。要知道不能獨立做主、不能恒常存在、被條件所制約，因緣而起，這就是空的定義。

我前幾天到三亞去，在一個徒弟家裏泡溫泉。突然間他說：師父我明白了，我說：你明白什麼了？他是一個軍人，做過很多設計，他說：空不是什麼都沒有，我說：你眞的是明白了，是的。所以如果你站在有、無相對的立場上來看，來理解空是進入不了空的境界的，空不是什麼都沒有，空是有個實實在在的空。所以我們那個《般若三昧》那首歌：「見了眞空空不空，圓明何處不圓通。或淡或濃施雨去，半舒半卷逆風來。」前兩句講的是空，後兩句講的是有，所以空有是不二的。在《楞嚴經》裏邊佛有一個著名的比喻，如何理解這個空，好比我們挖土、挖坑兒，是隨挖空就隨有了，還是你挖完了這個坑兒之後空塞進去的呢？那也就是它是當下的、不二的、直接的對不對？因此要想體會這個，你要不磕破點頭不出點血，恐怕很難的。

問：我岳母家是農村，她說家裏有什麼狐狸呀、蛇呀等等類似的很多東西，現在很嚴重。她沒有讀過書，也沒走出過那個地方，她忽然間變得會用文言文跟你說話，還可能是用山東話，也可能一會兒就變成四川話，而且還會給你算卦。她好像一會兒是一個東西，一會兒是另一個東西的樣子，忽然間變成那個樣，感覺很恐懼。過了之後就好了什麼事也沒有，到醫院查也查不出來，也沒法吃藥，現在非常非常痛苦，每夜都在這種煎熬之中度過。我不知道這是一個什麼樣的現象，如果她皈依佛門是不是可以解決這個問題？

答：這個就叫附體。附體的現象實際上在農村到處都是。我出生在農村，我小時候生病，我那個太姥姥還就是個附體的大仙兒，那時候頭疼腦熱哪有錢去治病、吃藥啊，都是找她們，很神奇。她一來仙兒了那個狀態，你想一個八十歲的老太太，拿一口水一滴不灑地噴到房頂，我們現在誰能做到？那老太太八十了還纏著小腳，噗一口就上去了，眞的鼓搗鼓搗就好了，也不燒了，也不疼了。

附體是什麼呢？大家如果看完《楞嚴經》，就明白了就知道生命的形態了。天、人、阿修羅、餓鬼、畜生、地獄這不是叫六道嗎？實際上，在人和天和阿修羅之間還有很多叫做仙、怪、妖、媚，有很多。所以我們看《閱微草堂筆記》，看《搜神記》，看歷代筆記小說裏邊這樣的故事多不多？非常多，實實在在的。《聊齋志異》裏邊更多。但爲什麼它能找到你呢？一定是過去跟你有緣，跟你有緣才找得到，它利用我們人的兩個心理，一是你的貪心、二是你的恐懼之心。

我記得那年有兩個女孩兒玩那個叫碟仙還是筆仙的占卜，我答應去幫助她們，但是我實在是沒時間。結果其中一個得精神病了，另外一個就走出來了，沒事了。所以你要是貪心，老是追求神奇，就飛精附體。在《楞嚴經》裏說得很透，五十種陰魔境界，色陰區、受陰區、想陰區、行陰區、識陰區，只有到了識陰區裏的第四十七、四十八、四十九才是羅漢、緣覺、菩薩境界，在那前邊全都是這種。如果他們把所在的境界當成終極的智慧和終極的解脫了就會有問題，他如果僅僅把它看做一個修道的過程，就像《封神榜》裏邊的申公豹、哪吒，還要跟進跟進，往上完善，作爲道的次第，就沒有問題。但是他一旦停在那個階段，必出問題，這就是著魔。

但是她這種附體還簡單，因爲很多附體的現象一開始基本上是以給人看病來修行，借人的能量它來修行。但是這個人體，像你的岳母這樣子，她的能量被用多了之後，會怎麼樣？她等於超前支出她的生命能量了。比如剛才我說的，她要迸出她的生命能量來才做得到這一口水噴出去。我見過一個二、三十歲的壯小夥子來這個狀態的時候，一百六七十斤的，他竟然做出那麼柔美的動作，我看人妖也做不出那麼樣柔美的動作出來。但是等他一沒那個勁兒了，他自己就累得不行，啥都不知道。

所以附體的人，要想解決，就是要沒有貪心、沒有恐懼，那附體自然遠離。就像剛才問的《心經》，無智亦無得則遠離顛倒夢想，遠離顛倒夢想則自然無恐怖、心無礙；無礙故，無有恐怖，遠離顛倒夢想。正推、逆推就這麼簡單。「無智亦無得」，你不要認爲自己有個能知的，也不要認爲有個所知的，我們修行的境界、人生的境界無非是見聞覺知，四個境界，四十二種。看得見的，正常被我們認知的不超過三分之一，而那三分之二是我們只有在深層的禪修體驗才能感觸到的，所以你念佛、念咒都不容易，因爲那還是很粗的定，只有內在的禪修體驗才是深層的，當然這奧妙無窮。

爲什麼一個和尚，頭髮沒了，吃的也很少，然後躲在深山裏邊，他那麼大的樂趣，他心平之樂，他有那麼多的境界。所以生命現象無窮盡，比如說的這些妖、怪、媚都是有的，它也在修，借假修眞嘛。所以《白蛇傳》你說是眞的假的？那一定是眞的，對吧？太多了。所以要看各個民族的原始神話，關於世界的起源、毀滅，全人類認知是一樣的，各國神話、寓言裏邊很多認知也是相近的，滿有意思的。

附體怎麼辦，就是兩個：不貪、不懼，如果她做到了，要死你讓我死，它就一下子沒力量了。別怕死，因爲我們的生命是業力和願力來推動的，它解決不了你的業力，也解決不了你的願力，所以自然就化解了。不貪不懼，因爲你貪求那個，叫貪求聖境界。貪求你那些三分之二的見聞覺知、不屬於你的見，才招來了。害怕死所以你被它制約了。現在既不貪也不懼，隨便它，自然就破除了。

問：《金剛經》五千餘字您講了七天，《心經》二百餘字您講了十天，是否初學者要先學《心經》？在家靜坐是否要講究打坐的姿勢還是平常舒服的就好？

答：打坐姿勢先這麼單盤就夠了，只一個臀部觸地，兩個膝蓋它會不穩，所以坐久了脊柱就會彎了，那先要穩。你說關節有問題是吧，那我就說說我的親身經歷。我一九八五年在中山大學讀書時關節炎很厲害，上五樓宿舍得分三次上去。在廣州七八月份那麼熱的天氣，我還得弄兩個熱水袋擱在兩個膝蓋上。後來我想我打坐試試，唉，很神奇，我以爲至少得五年工夫才能把它治好，沒想到不到三年，關節炎就好了。當時查類風濕因子、風濕因子、血沉速度打封閉針，什麼招兒都用了，沒有用，後來就是打坐。但是我的腿好像先天比較軟，也沒跟人學過，上來就能夠盤，並且我第一次盤腿是一九九二年在北海公園，看到一個人在北海白塔下打坐，我找過去了，那時我也年輕，我說：我跟你學行嗎？人家說：去一邊去毛小夥子，把我罵了一頓，我一看他那姿勢，我不管他，回到辦公室我一下子就把雙腿盤上了。並且第一次盤腿我就是雙盤，我估計北海白塔的那個人是個菩薩顯現吧，把我罵一頓，反而讓我回來就盤上腿了。

請大家跟我合掌

願消三障諸煩惱
願得智慧真明瞭
普願罪障悉消除
世世常行菩薩道

普願一切見者聞者聽者
遠離痛苦之因、痛苦之緣、痛苦之業
普願一切見者聞者聽者
建立解脫之因、解脫之緣、解脫之業
普願一切見者聞者聽者
快樂安詳得以解脫
願一切眾生
快樂安詳得以解脫
願一切眾生
快樂安詳得以解脫
願一切眾生
快樂安詳得以解脫

〈全書終〉

國家圖書館出版品預行編目資料

讀懂金剛經／明奘法師著，初版 --
新北市：新潮社文化事業有限公司，2025.04
面；　公分
ISBN 978-986-316-936-9（平裝）
1.CST：般若部

221.44　　114001294

讀懂金剛經

明奘法師／著

【策　劃】張明、林郁
【制　作】天蠍座文創
【出　版】新潮社文化事業有限公司
電話：(02) 8666-5711
傳真：(02) 8666-5833
E-mail：service@xcsbook.com.tw

【總經銷】創智文化有限公司
新北市土城區忠承路 89 號 6F（永寧科技園區）
電話：(02) 2268-3489
傳真：(02) 2269-6560

印前作業　東豪印刷事業有限公司
福霖印刷企業有限公司

初　　版　2025 年 05 月